A:
Der silbe

CW00458391

Angelika Bohn studierte Germanistik, Anglistik und Journalismus. Seit 2002 unterrichtet sie Deutsch als Fremdsprache und schrieb zeitweise als Journalistin für eine Tageszeitung. Neben ihrer Arbeit als Lehrerin veröffentlicht sie Bücher, Kurzgeschichten und Lektüren für Deutschlerner. Angelika lebte in verschiedenen Ländern wie Kanada, Belgien und Rumänien und spricht mehrere Fremdsprachen. Heute wohnt, schreibt und unterrichtet sie in Süddeutschland.

Weitere Bücher:

Foto ohne Namen (B1/B2, 2017)
Falsche Adresse (A2/B1, 2016)
Taxi frei? (B2, Edgard/Polen, 2016)
Wo ist Sina? (A2/B1, Edgard/Polen, 2015)
Wem die Deutschstunde schlägt (Goldmann, 2014)

Angelika Bohn

Der silberne Kugelschreiber

Kurzgeschichten

Für Lerner von
Deutsch als Fremdsprache

With English vocabulary list

www.deutsch-lesen.de

kontakt@deutsch-lesen.de

Dieses Buch ist auch als E-Book erhältlich.

Copyright © 2017 Angelika Bohn,
c/o autorenglück.de
Franz-Mehring-Str. 15
01237 Dresden
Lektorat: Dorothea Böhme
Korrektorat: Katherina Bohn
Cover: www.autorendienst.net/elicadesign
Covermotive: arosoft/Depositphotos.com (Auto),
Kobyakov/Depositphotos.com (Frau)
Herstellung und Druck: Amazon Media EU S.à.r.l.,
5 Rue Plaetis, L-2338, Luxembourg
ISBN-10: 1981324674
ISBN-13: 978-1981324675

Inhalt

Tipps zum Lesen

- Haben Sie keine Angst vor unbekannten Wörtern. Oft können Sie den Text auch ohne diese Wörter verstehen, und manchmal erklärt der Kontext das Wort.

- Neue und wichtige Wörter sind **fett markiert**. Eine englische Übersetzung finden Sie nach jedem Kapitel.

- Übungen zu den Kapiteln können Sie kostenlos downloaden unter: www.deutsch-lesen.de/buecher/.

Viel Spaß!

1. Der Fremde in der S-Bahn

12. Juni
Liebes Tagebuch,
*Jürgen ist ein Idiot! Er hat **mit** mir **Schluss gemacht**. Per WhatsApp! Genau an meinem 26. Geburtstag! Drei Jahre waren wir zusammen. Alles war okay, aber in den letzten Monaten haben wir oft **gestritten**. Und dann hat er in einer Bar eine neue Frau getroffen!! Sie heißt Adriana und ist genau mein Gegenteil: Sie hat lange, blonde Haare. Jeden Tag geht sie ins Fitnessstudio und trägt viel Make-up. Warum sind Männer nur so **doof**??*

Petra schließt ihr Tagebuch und legt es auf den kleinen Schrank neben dem Bett. Vor drei Monaten hat sie diesen Text geschrieben. Sie bleibt noch einen Moment im Bett liegen und **seufzt**. Die letzten Wochen mit Jürgen haben keinen Spaß gemacht. Er ist immer später von der Arbeit nach Hause gekommen, und am Wochenende ist er allein mit seinen Freunden in eine Bar gegangen. Und jetzt ist Jürgen weg.

Petras Kopf tut weh und ihre Augen sind müde. Sie nimmt ihre Handtasche vom Sessel neben dem Bett und sucht ihren **silbernen** Kugelschreiber. Dann öffnet sie das Tagebuch noch einmal.

12. September
Liebes Tagebuch,
*letzte Nacht habe ich wieder schlecht geschlafen. Ich habe von Jürgen **geträumt**. In meinem Traum waren wir zusammen im Urlaub in Italien und es war sehr schön und dann …*

Und dann was? Petra kann sich nicht mehr erinnern. Sie **dreht** den silbernen Kugelschreiber in der Hand **hin und her**. Jürgen ist nur drei Jahre bei ihr geblieben. Aber diesen Stift hat sie seit ihrer **Kindheit**. Sie hat ihn als Geschenk bekommen. Aber von wem? Das weiß sie auch nicht mehr.

Petra steht auf und sucht etwas im Kleiderschrank. Hinter ihren Pullovern findet sie einen **Karton** und öffnet ihn. In dem Karton liegen viele Blätter Papier. Auf das Papier hat sie viele Jahre mit ihrem silbernen Kugelschreiber **Geschichten** geschrieben. Geschichten über Liebe, Fantasy und **Abenteuer**.

Aber Jürgen hat immer gesagt: „Schreiben ist total langweilig. Nur wenige Leute können gut schreiben. Such dir lieber ein interessantes Hobby!" Und dann hat Petra aufgehört. Vielleicht **hatte** Jürgen **recht**. Vielleicht kann sie überhaupt nicht gut schreiben.

Sie legt den Karton wieder zurück in den Schrank. Dann sieht sie auf ihr Smartphone. Es ist schon fast 7 Uhr. Heute ist der erste Arbeitstag nach den Sommerferien. Sie darf nicht zu spät kommen! Sie steht schnell auf, **steckt** den silbernen Kuli zurück in die Handtasche und geht ins Badezimmer. Sie duscht heiß und zieht eine blaue Bluse und eine Jeans an. Für ein Frühstück hat sie leider keine Zeit mehr.

Eine Stunde später steigt sie im Zentrum von Heidelberg aus der S-Bahn. Der Tag beginnt mit viel Sonne, und am Himmel gibt es nur wenige Wolken. Es ist spät. Petra läuft über eine rote Ampel. Kurz vor 8 Uhr kommt sie im Lehrerzimmer des Hölderlin-Gymnasiums an. Der Raum ist voll mit Büchern. Sie stehen in den Regalen und auf zwei langen Tischen.

Jetzt muss sie schnell noch einige Kopien für den **Französischunterricht** machen. Oh, nein! Der **Kopierer** ist kaputt!

Es ist jetzt fünf Minuten nach 8 Uhr. Alle Kollegen sind schon in den Klassenzimmern. Petra braucht unbedingt einen Kaffee. Sie holt sich einen aus der Kaffeemaschine neben dem Fenster. Mit den Französischbüchern in der einen Hand und dem Kaffee in der anderen Hand öffnet sie die Tür des Lehrerzimmers und …

„Achtung!" Vor ihr steht der Schuldirektor, Herr Burg. Die Kaffeetasse **fällt** aus Petras Hand, direkt auf die weißen Schuhe des Direktors.

„Es tut mir leid, ich …"

„Kommen Sie nach dem Unterricht sofort zu mir, Frau Pfeiffer", sagt Herr Burg unfreundlich. „Wir müssen reden." Dann geht er in sein Büro und schließt die Tür.

„**So ein Mist!**" Zehn Minuten zu spät kommt Petra in ihre neue Klasse 11a. Die sechzehn Schüler setzen sich an ihre Tische.

„Mein Name ist Petra Pfeiffer", sagt sie und legt die Bücher auf den Tisch. „Und wer seid ihr?"

Die Schüler **stellen sich** auch **vor**.

„Schön", sagt Petra. „Dann fangen wir jetzt an. Macht bitte eure Französischbücher auf Seite 8 auf. Unser Thema heute ist …" Petra schaut auf die Seite in ihrem Buch. Das ist Englisch. Sie hat die Englischbücher mitgenommen! Aber Englisch hat sie heute in einer anderen Klasse!

„Frau Pfeiffer?", sagt eine Schülerin.

„Ähm … lest bitte den Text bei Nummer 1. **Ich bin gleich wieder da**", sagt Petra und läuft zurück ins Lehrerzimmer. Heute **geht** auch wirklich alles **schief**!

Endlich! Um kurz nach 14 Uhr steigt Petra wieder in die S-Bahn ein. Das Gespräch mit dem Direktor hat eine halbe Stunde gedauert. Er hat viel gesprochen: fünf Minuten über **Pünktlichkeit**, fünf Minuten über Respekt und zwanzig Minuten über den Kaffee auf seinen Schuhen.

Die S-Bahn ist wieder total voll. Ein Teenager mit einer Baseballkappe will sich auf den letzten freien Platz setzen, aber Petra ist schneller. Sie setzt sich ans Fenster und nimmt ihr Smartphone aus der Tasche. Keine **Nachricht** von Jürgen. Soll sie ihn anrufen?

Petra **gegenüber** sitzt ein alter Mann mit weißen Haaren und einem weißen Bart. Er liest ein Buch. Dann sucht er etwas in seiner linken **Jackentasche**, dann in seiner rechten.

„Entschuldigung", sagt er **plötzlich**. „Haben Sie einen Stift für mich?"

„Natürlich." Petra holt ihren silbernen Kugelschreiber aus der Tasche.

„Vielen Dank!" Der Mann schreibt etwas in das Buch und gibt Petra den Kuli zurück.

Petra steckt ihn wieder in die Tasche und schaut aus dem Fenster. Die S-Bahn fährt an einem italienischen Restaurant und einem Supermarkt vorbei. Moment mal! Das ist nicht der Weg nach Hause!

„**Verflixt**", sagt sie leise. „Ich bin in die falsche Bahn eingestiegen."

„**Bist du dir sicher?**", fragt der alte Mann.

„Wie bitte?" Petra ist **überrascht**.

„Ich habe gefragt: Bist du dir sicher, dass du in die falsche Bahn eingestiegen bist?"

„Entschuldigung, aber kennen wir uns?"

Der Mann steckt das Buch in seine Tasche. „Ich kenne dich, Petra."

„Wer sind Sie?"

„Schau noch einmal aus dem Fenster", sagt der Mann.

Jetzt sieht Petra eine Post, ein altes Kino und ein großes Kaufhaus.

„Natürlich", sagt sie. „Hier haben meine Eltern und ich vor vielen Jahren gewohnt. Und dann sind wir **umgezogen**. Ich war vielleicht sechs oder sieben Jahre alt."

Der alte Mann **lächelt**. „Du warst acht Jahre alt und in der dritten Klasse. Und du hast mir etwas **versprochen**."

„Wer sind Sie?", fragt Petra noch einmal.

„Entschuldige, aber ich muss aussteigen", sagt der Mann. Er steht auf und geht zur Tür. Die S-Bahn **hält** an einer großen **Kreuzung**.

„Warten Sie!" Petra will dem Mann **folgen**, aber der Teenager mit der Baseballkappe steht vor ihr. Hinter ihm stehen zwei Freunde von ihm und lachen.

„Hey, macht Platz! **Ich muss raus!**", ruft Petra.

Im nächsten Moment steckt der Teenager seine Hand in ihre Tasche und schiebt sie aus der Bahn. Petra fällt auf die Straße. Sie hat Schmerzen an den Knien und Händen. Die S-Bahn fährt weg, und sie sieht den Teenager mit der Baseballkappe am Fenster. Er lächelt.

Mein Geldbeutel!, denkt Petra und schaut sofort in ihre Handtasche. Nichts ist passiert. Der Geldbeutel ist noch da. Aber wo ist der alte Mann? Sie schaut nach rechts und nach links. Es gibt zu viele Menschen an der Haltestelle. Viele Autos fahren auf der Straße, viele Leute kommen aus dem Kaufhaus.

Dann sieht sie ihn! Er geht die **Fußgängerzone** hinauf.

Petra läuft los. Dann kommt eine Gruppe Touristen aus einem Café, und Petra sieht den Mann nicht mehr. Sie bleibt stehen. Die Sonne scheint ihr direkt in die Augen. Ihr **Herz schlägt** sehr schnell.

Da ist er! Der alte Mann geht in ein Gebäude direkt neben einem kleinen Kino. Petra folgt ihm. Das Gebäude ist schon sehr alt, hat drei **Stockwerke** und zwei kleine Balkone aus Metall. Über der Tür hängt ein **Schild** mit großen schwarzen Buchstaben: *Antiquariat.*

Petra **holt tief Luft**. Sie kennt dieses Buchgeschäft. Wann war sie hier? Sie macht die Tür auf und geht hinein. Im Geschäft ist es ziemlich dunkel. Das **einzige** Licht kommt von zwei kleinen Fenstern und einer alten Lampe. Es **riecht nach** Papier. An jeder Wand stehen hohe Regale mit dicken, dünnen, kleinen und großen Büchern. Neben der Kasse liegen Bücher in einem Bananenkarton.

Der Teppich unter Petras Schuhen ist **weich**. Sie geht einige **Schritte** weiter in den Raum. Aus einem Regal zieht sie ein Buch. Es ist ein Medizinbuch. Sie öffnet es und versucht, etwas zu lesen, aber die **Schrift** ist zu alt.

Hinten im Raum steht ein Sofa neben einer **Wendeltreppe**. Oben im ersten Stock gibt es einen langen Glastisch, das weiß sie. Moment! Aber **woher weiß sie das?** Woher kennt sie dieses Geschäft?

„Hallo! Ist hier jemand?", ruft Petra nach oben. Ihre **Stimme** springt wie ein Tischtennisball von Wand zu Wand. Keine Antwort. Petra steigt langsam die Treppe nach oben. Das Holz **knarrt** bei jedem Schritt.

„Tee mit oder ohne Zucker?", hört sie plötzlich eine Stimme von unten.

Petra **erschrickt**, und ihre Handtasche fällt die Treppe

hinunter. Schnell steigt sie wieder ins Erdgeschoss hinunter. Ihr Geldbeutel, der **Lippenstift** und die Hausschlüssel liegen auf dem Boden. Der alte Mann steckt alles zurück in die Tasche.

„Vielen Dank", sagt Petra und hängt die Tasche wieder über ihre Schulter.

„Das ist **Pfefferminze**", sagt der Mann und gibt ihr eine Tasse Tee. „Den magst du sehr gerne."

„Woher wissen Sie das?"

Der Mann **zuckt mit den Schultern**. „Komm mit", sagt er. Zusammen steigen sie die Treppen hinauf. Der Raum im ersten Stock ist ein bisschen kleiner als der Raum unten, aber die Decke ist höher. Die Sonne scheint durch ein kleines Fenster auf den Glastisch. Auf dem Tisch liegt ein großes, schweres Buch.

Sie steigen weiter hinauf in den zweiten Stock. Dieser Raum ist noch ein bisschen kleiner, aber auch voll mit Büchern. An der Wand stehen zwei bequeme Sessel.

„Ich war schon einmal hier, **nicht wahr?**", fragt Petra.

„Einmal?", der Mann lacht. „Du bist jeden Samstag zu mir gekommen. Und jeden Samstag hast du ein Buch gelesen."

„Das war hier?" Jetzt erinnert Petra sich wieder. Sie schaut den alten Mann an. „Herr Martens?"

„Hallo Petra", sagt Herr Martens und lächelt.

Petra **schaut sich um**. „Ich habe lange nicht mehr so viele Bücher gesehen."

Herr Martens lacht. „Liest du immer noch so viel?"

„Ich habe nie aufgehört zu lesen."

„Und schreibst du noch Geschichten?"

Petra sagt nichts. Sie denkt an Jürgens **Meinung**:

Schreiben ist langweilig.

„Ich habe keine Zeit", antwortet sie. „Ich bin jetzt Lehrerin. Ich muss jeden Tag in die Schule gehen, ich muss unterrichten und Hausaufgaben korrigieren. Ich habe keine Zeit für Fantasie."

„Aha", sagt Herr Martens.

„Ich bin jetzt **erwachsen**, verstehen Sie? Ich muss Geld **verdienen**."

„Aha", sagt Herr Martens noch einmal. „Und dein **Versprechen**?"

„Welches Versprechen?"

„Du hast es in ein Heft geschrieben."

„Was habe ich geschrieben?"

„Das musst du selbst lesen", sagt Herr Martens. „Aber **zuerst** muss ich das Heft finden. Ich **hoffe**, du hast Zeit." Er steigt die Treppe wieder hinunter ins Erdgeschoss und Petra folgt ihm.

„Zeit habe ich leider nicht", sagt Petra. „Ich habe es schon gesagt: Ich bin jetzt Lehrerin. Morgen muss ich in die Schule und …"

„Und du musst unterrichten und Hausaufgaben korrigieren", **wiederholt** Herr Martens. „Das ist natürlich wichtiger. Dann musst du jetzt gehen. Auf Wiedersehen." Er geht hinter die Kasse.

Petra seufzt. Was hat sie dem alten Mann vor vielen Jahren versprochen? Sie muss es wissen. „Also gut", sagt sie und setzt sich mit der Tasse Tee auf das Sofa. „Ich warte. Aber nicht lange."

Herr Martens **nickt**. „Ich fange mit meiner Suche oben an", sagt er und steigt die Treppe wieder hinauf. „Ich bin gleich wieder da."

Petra nimmt ihr Handy aus der Tasche. Immer noch keine Nachricht von Jürgen. Vielleicht ist er jetzt bei seiner neuen Freundin. **Egal!** Petra will nicht mehr an ihn denken. Es ist zu Ende! - Aber ... vielleicht ruft er später noch an. Oder morgen? Oder übermorgen?

Sie steckt das Handy wieder zurück in ihre Handtasche. Moment mal! In ihrer Tasche **fehlt** etwas.

„Oh, nein! Mein silberner Kugelschreiber ist weg!" Aber wo ist er? Heute Morgen hat sie noch mit ihm in ihr Tagebuch geschrieben. Hat sie ihn vielleicht zu Hause vergessen? Nein, **bestimmt nicht**. Sie hat ihn mit zur Arbeit genommen. Und in der S-Bahn hat sie ihn Herrn Martens gegeben und dann wieder in ihre Tasche gesteckt. Sie ist sich ganz sicher.

Aber Moment! Da war der Teenager in der S-Bahn. Natürlich! Der **Typ** hat seine Hand in ihre Tasche gesteckt. Dieser **Mistkerl**! Fast zwanzig Jahre hatte sie diesen Stift und jetzt ist er weg.

Traurig schaut Petra durch ein Fenster auf die Straße. Draußen beginnt es zu regnen. Hoffentlich findet Herr Martens das Heft schnell. Sie trinkt den Rest von ihrem Tee. Er schmeckt wirklich sehr gut. Dann schließt sie die Augen.

~~~

der Fremde - stranger, **Schluss machen mit** - to break up with, **streiten (hat gestritten)** - to fight, **doof** - here: foolish, **seufzen** - to sigh, **silbern** - silvery, **träumen** - to dream, **hin und her drehen** - to turn back and forth, **die Kindheit** - childhood, **der Karton** - cardboard box, **die Geschichte** - story, **das Abenteuer** - adventure, **recht haben** - to be right, **stecken** - here: to put, **der Französischunterricht** - French lesson, **der Kopierer** - copier, **fallen** - to fall, **So ein Mist!** - Damn!, **sich vorstellen** - to introduce oneself, **Ich bin gleich wieder da.** - I'll be right back., **schiefgehen** - to go wrong, **die Pünktlichkeit** - punctuality, **die**

Nachricht - message, **gegenüber** - opposite, **die Jackentasche** - jacket pocket, **plötzlich** - suddenly, **Verflixt!** - Darn!, **Bist du dir sicher?** - Are you sure?, **überrascht** - surprised, **umziehen (ist umgezogen)** - to move/to change house, **lächeln** - to smile, **versprechen** - to promise, **halten** - here: to stop, **die Kreuzung** - intersection, **folgen** - to follow, **Ich muss raus!** - I have to get off!, **die Fußgängerzone** - pedestrian zone, **das Herz** - heart, **schlagen** - here: to beat, **das Stockwerk** - floor, **das Schild** - sign, **das Antiquariat** - antiquarian bookshop, **tief Luft holen** - to take a deep breath, **einzig** - only, **riechen nach** - to smell like, **weich** - soft, **der Schritt** - step, **die Schrift** - writing, **die Wendeltreppe** - spiral staircase, **Woher weiß sie das?** - How does she know?, **die Stimme** - voice, **knarren** - to creak, **erschrecken** - to startle, **der Lippenstift** - lipstick, **die Pfefferminze** - peppermint, **mit den Schultern zucken** - to shrug one's shoulders, **... nicht wahr?** - ... right?, **sich umschauen** - to look around, **die Meinung** - opinion, **erwachsen** - grown up, **verdienen** - to earn, **das Versprechen** - promise, **zuerst** - first of all, **hoffen** - to hope, **wiederholen** - to repeat, **nicken** - to nod, **Egal!** - Whatever!, **fehlen** - to be missing, **bestimmt nicht** - definitely not, **der Typ** - guy, **der Mistkerl** - scumbag

2. Das Spiel

Tim setzt seine Baseballmütze auf den Kopf. Danach zieht er dunkle Kleidung und seine roten Turnschuhe an. Leise! Seine Eltern dürfen ihn nicht hören. Sie sind kurz vor **Mitternacht** ins Bett gegangen. Auch heute haben sie wieder den ganzen Tag gearbeitet. Tim steckt eine **Taschenlampe** in seinen Rucksack und öffnet langsam das Fenster im zweiten Stock des Hauses. Er **klettert** aus seinem Zimmer auf den Balkon. Dann springt er über die Garage in den Garten. Es ist jetzt 1:30 Uhr morgens, und die Straße ist **still** und dunkel.

Tim **fühlt** den silbernen Kugelschreiber in seiner Jackentasche. Heute war kein guter Tag. In der U-Bahn hat er die Hand in die Tasche einer Frau gesteckt, aber den Geldbeutel hat er leider nicht gefunden. Nur einen **blöden** Kuli. Vielleicht kann er ihn später für einige Euro verkaufen.

Die Idee mit dem Geldbeutel der Frau hatten natürlich seine Freunde Elmar und Kai. Tim kennt die beiden von der Schule. Sie sind schon in der 12. Klasse, also ein Jahr älter als er. Fast jeden Tag treffen sie sich nach der Schule. Manchmal gehen sie in den Supermarkt und **stehlen** Alkohol und **Zigaretten**. Dann trinken und **rauchen** sie zusammen. Tim findet das alles nicht gut, aber er will kein **Feigling** sein.

Er läuft bis ans Ende der Straße. Dort wartet ein VW-Golf auf ihn. Tim steigt hinten ein.

„Hey, Mann!", rufen Elmar und Kai. Elmar macht den **Motor** an. „Willst du ein Bier?"

„Klar", sagt Tim. Er öffnet seine **Dose** und trinkt. „Und? Warum treffen wir uns heute so spät?"

Elmar und Kai lächeln. „Heute ist dein Test."

Tims **Gesicht** wird ganz heiß. „Was bedeutet das?", fragt er, aber er bekommt keine Antwort. Elmar steckt eine CD von Cro in den CD-Player und macht die Musik laut. Eine halbe Stunde fahren sie durch die Stadt. Es ist Montagabend und nur wenige Menschen sind unterwegs. Die meisten Restaurants, Cafés, Bars und Discotheken haben schon geschlossen. Dann **verlassen** die jungen Männer das Zentrum und fahren in den Süden der Stadt.

Elmar macht die Musik und das Licht aus und fährt das Auto in eine ruhige Straße. Hier stehen schöne **Einfamilienhäuser**. Alle Fenster sind dunkel. Er parkt das Auto vor dem Haus mit der Nummer 15 und steckt sich eine Zigarette in den Mund.

„Was machen wir hier?", fragt Tim.

„Alte Leute besuchen", sagt Kai.

Tim macht große Augen. „Wollt ihr in ein Haus **einbrechen**?"

Elmar lacht. „Wir nicht. Nur du."

Tims Herz schlägt schneller.

„Oder hast du Angst?", fragt Kai.

„Nein", sagt Tim schnell. „Natürlich nicht." Er trinkt noch einen **Schluck** Bier.

Zusammen mit Elmar geht Tim zu der Haustür von Nummer 15. Draußen ist es kühl. Tim **presst** die Zähne **zusammen** und schaut sich immer wieder um. **Niemand** ist auf der Straße, nur zwei Katzen klettern auf einen Baum. Elmar hat **Werkzeug** mitgebracht und versucht, die Tür zu öffnen.

„Diese Idioten", sagt er plötzlich. „Sie haben die Tür **offen gelassen**. Besser für uns." Er gibt Tim ein Paar **Handschuhe**. „Zieh sie an", **flüstert** er. „Jetzt mach schnell. Und bring etwas mit." Er nimmt das Werkzeug und läuft zurück zum Auto.

Tim **atmet** schnell. **Vorsichtig** drückt er die Tür auf, macht die Taschenlampe an und geht ins Haus. Im Flur stehen ein Schuhschrank und eine Garderobe. An den Wänden hängen Fotos von einer Familie mit zwei kleinen Kindern. Eine Treppe geht nach oben. Vielleicht sind dort die Schlafzimmer. Hoffentlich schlafen die **Bewohner** tief.

Durch eine andere Tür kommt Tim ins Wohnzimmer. Die Möbel sehen aus wie die Möbel seiner Großeltern: dunkel, aus schwerem Holz und **altmodisch**. Tim öffnet den Wohnzimmerschrank neben dem Esstisch. Dort gibt es nur Geschirr, **Süßigkeiten** und viele Papiere. **Nichts anderes**. Doch! Da ist etwas! Hinter einer Vase findet er eine alte Kamera. Die kann er vielleicht auch verkaufen. Er steckt die Kamera in seinen Rucksack. Und jetzt zurück zum Auto!

„Nicht so schnell, mein Junge!"

Tim **dreht sich um**. In der Wohnzimmertür steht ein Mann. Sein Gesicht ist **eckig**, seine dunklen Haare sind sehr kurz. Er ist genauso groß wie Tim, etwa 50 Jahre alt und seine Arme sind **stark**. In seiner Hand hat er ein langes Messer. Tim geht einige Schritte zurück. Er schaut zu den Fenstern, aber sie sind alle geschlossen, und die **Rollos** sind unten. Er kann nicht weg.

Der Mann kommt ins Wohnzimmer und schließt die Tür hinter sich. Dann macht er die **Stehlampe** neben der Tür an.

„Wie heißt du?", fragt der Mann. Er trägt einen schwarzen

Pullover und eine Jeans.

Was soll Tim jetzt sagen? Er denkt an seine Freunde im Auto. „Kai", antwortet er.

Der Mann lacht. Sein Lachen klingt wie ein kaputter Motor. Seine Zähne sind klein und **schief**. Dann hört er plötzlich wieder auf zu lachen. „Wie heißt du wirklich?"

Tims Hände werden **feucht**. Er hat keine andere Möglichkeit. „Tim", sagt er **schließlich**.

„Tim", wiederholt der Mann. „Sind das deine Freunde im Auto?"

Tim schaut auf den Boden und antwortet nicht. Der Mann dreht sich um und geht durch den Flur zur Haustür. Er öffnet die Tür und schaut **hinaus**. Tim springt auf. Das ist seine Chance. Er läuft zu einem Fenster. Draußen startet jemand einen Automotor. Das sind Elmar und Kai. Sie fahren weg! **Verdammt!** Wie funktioniert das Rollo?

„Moderne Technik", sagt der Mann plötzlich hinter ihm. Er zeigt mit dem Messer auf einen **Schalter** neben der Tür.

„**Lassen** Sie mich **gehen**! Jetzt!", sagt Tim. „Oder ..."

„Oder was? Rufst du dann die Polizei?"

Tim sagt nichts mehr. Was will der Mann von ihm? Warum hat er nicht schon die Polizei gerufen?

Der Mann kommt einen Schritt **näher**. Die Wohnzimmertür hinter ihm ist offen. Tim **denkt nach**. Er kann schnell laufen. Vielleicht kann er ...

„Das würde ich nicht machen", sagt der Mann. „Setz dich!" Er zeigt mit dem Messer auf den Esstisch. „Leg den Rucksack auf den Boden und die Hände auf den Tisch."

Tim setzt sich.

„Ist das dein erster **Einbruch**, Junge?", fragt der Mann.
Tim nickt.

„Du magst das **Risiko**, oder?"

„Ohne Risiko macht das Leben keinen Spaß", antwortet Tim. Das glaubt er nicht wirklich, aber er darf jetzt keine Angst zeigen.

Der Mann lächelt. „Dann habe ich etwas für dich." Neben der Wohnzimmertür liegt eine große Sporttasche. Der Mann holt etwas heraus. Er legt es auf den Esstisch und setzt sich Tim gegenüber. Das Messer legt er neben sich.

„Ein **Schachspiel**?", fragt Tim.

„Du kannst doch Schach spielen, oder?"

Tim kennt das Spiel gut. Er hat es schon als Kind mit seinem Onkel gespielt. Aber das ist jetzt egal. „Hören Sie, ich will nicht mit Ihnen spielen."

„Ich nehme Schwarz", sagt der Mann und beginnt, die **Schachfiguren** auf das **Schachbrett** zu stellen.

„Haben Sie mich nicht gehört?", ruft Tim. „Ich will nicht spielen!"

„Tim." Der Mann sagt seinen Namen ganz ruhig, aber die Stimme macht Tim Angst. „**Wenn du gewinnst,** kannst du gehen."

„Und wenn ich **verliere**?"

Der Mann lächelt, aber seine Augen sind grau und kalt. „Was hast du in deinem Rucksack?"

Tim legt den Rucksack auf den Tisch. Er nimmt die Kamera, sein neues Smartphone und seinen Geldbeutel heraus und legt alles auf den Tisch.

„Auch die Dinge aus deiner Jackentasche."

In seiner Jackentasche findet Tim ein paar **Münzen** und den silbernen Kugelschreiber.

„Auch die Handschuhe."

Tim zieht die Handschuhe aus und legt sie auf den

Rucksack. Der Mann stellt seine letzte Figur auf das Brett. „Keine Angst. Wenn ich verliere, bekommst du alles zurück", sagt er. „Dann schenke ich dir auch die Kamera."

„Und dann lassen Sie mich wirklich gehen?"

„Versprochen."

Tim schaut zu dem Messer. Sein Mund ist ganz **trocken**.

„In der Minibar neben dem Schrank gibt es Getränke", sagt der Mann. „Ich nehme ein Bier."

Tim steht auf und holt zwei Flaschen Bier. Er darf jetzt nicht **nervös** sein. Er kann gut Schach spielen und hat eine gute Chance. Langsam stellt er seine Figuren auf das Brett.

„Weiß beginnt", sagt der Mann.

Tim spielt. Er **bewegt** seine Figuren schnell, aber vorsichtig. Der Mann spielt langsam und elegant. Manchmal schaut er minutenlang auf das Brett.

„Schach", sagt er plötzlich.

Das hat Tim nicht gesehen. Die schwarze **Königin** steht vor seinem König.

„Du hast nicht **aufgepasst**", sagt der Mann. „Du musst **dich** immer **konzentrieren**."

Tim schaut wieder zu dem Messer. Der Mann nimmt es vom Tisch und legt es neben sich auf einen Stuhl.

Tim trinkt noch ein bisschen Bier. Dann schiebt er einen **Turm** vor den König.

„Nicht schlecht." Der Mann legt den Kopf in seine Hände und denkt nach. Tims Smartphone zeigt zwei Uhr morgens. Draußen donnert es.

„Schach!", sagt der Mann wieder.

Tim hat Bauchschmerzen. Er darf nicht verlieren! Er schaut auf die Figuren auf dem Brett. Der Mann hat noch sieben wichtige Figuren. Tim hat noch vier. Er hat nur noch eine Möglichkeit, einen Trick. Nein. Er **schüttelt den Kopf.** Der Trick ist zu einfach. Der Mann **bemerkt** ihn bestimmt.

Er bewegt seinen Turm auf Position B4. Der Mann reagiert schnell und schiebt seinen **Springer** zu Tims König. Tims Herz bleibt fast stehen. Der Mann hat seinen Plan nicht bemerkt. Tim bewegt seine Königin neben den Turm. Der Mann schiebt seinen Springer noch näher.

Tims Herz schlägt schneller. Er nimmt seinen zweiten Turm und schiebt ihn nach vorne. Dann setzt er ihn kurz vor dem schwarzen König auf das Brett. „Schach matt!" Er lächelt. Der Mann ist intelligent, aber nicht intelligent genug. Tim trinkt den Rest von seinem Bier und stellt die Flasche auf den Tisch.

Der Mann schaut ihn an. „Verdammt, Junge. Du hast mich überrascht!"

Tim steht auf und **packt** alle seine Sachen wieder in den Rucksack. „Ich gehe jetzt", sagt er und macht einen Schritt zur Tür.

„Einen Moment noch." Der Mann steht auf, das Messer hat er in der Hand. Sein Gesicht ist ganz nahe an Tims Gesicht. Tim fühlt das Messer an seiner Brust. Seine Beine **zittern.** „Sie haben gesagt, ich kann gehen. Sie haben es versprochen."

„Du kannst gehen", sagt der Mann. „Aber ich will dich in dieser **Gegend** nie wieder sehen. Hast du das verstanden?"

Tim nickt.

Der Mann geht zur Seite. Der Weg zur Wohnzimmertür ist frei.

„Lauf!", ruft der Mann.

Tim läuft los. Er **rennt** durch den Regen die Straße

hinunter und dreht sich nicht mehr um. Er läuft durch kleine Straßen. Wo ist er? Er kennt diese Gegend nicht. Er rennt durch einen Park und über einen **Spielplatz**. Dann bleibt er stehen. Am Ende der Straße gibt es eine **Tankstelle**. Er braucht unbedingt etwas zu trinken. Er schaut auf sein Smartphone. Keine Nachricht von Elmar oder Kai. Die beiden sind einfach weggefahren. Solche Freunde braucht er nicht. Ab heute macht er alles allein. Er ist kein Feigling. Er hat das Schachspiel gewonnen, und er hat eine Kamera in seinem Rucksack. Er ist nicht mehr der kleine Tim!

In der Tankstelle bestellt er einen Kaffee. Die junge **Kassiererin** geht nach hinten zur Kaffeemaschine. Tim nimmt eine Schokolade aus einem Regal und steckt sie in seine Hosentasche. Er denkt noch einmal an das Schachspiel. Warum hat der Mann am Ende seine Konzentration verloren? Tim lacht. Der Mann war einfach zu **dumm**.

„2,30 €", sagt die Frau und gibt ihm den Kaffee.

Tim hat nicht genug Geld und bezahlt mit der EC-Karte.

Die Kassiererin gibt ihm den **Kassenbeleg** und einen Kuli. „Ich brauche noch Ihre **Unterschrift**", sagt sie.

Der Kuli schreibt nicht.

„Warten Sie, ich suche einen anderen Stift", sagt die Kassiererin.

„Nein, kein Problem." Tim holt den silbernen Kugelschreiber aus dem Rucksack und **unterschreibt**. Plötzlich sieht er die Tageszeitungen neben der Kasse liegen. Er nimmt eine Zeitung in die Hand und liest den Artikel auf der ersten Seite.

„Die kostet 1,80 €", sagt die Kassiererin.

Tim **ignoriert** sie. Mit der Zeitung und dem Kaffee geht er an einen kleinen Tisch hinten in der Tankstelle und fängt an zu lesen.

Einbruchserie *im Süden von Heidelberg*

Die Polizei sucht einen Einbrecher. Der Mann ist circa 1,75 Meter groß, schlank und hat kurze dunkle Haare. Er steigt in Häuser ein, wenn die Bewohner im Urlaub sind. Der Mann hat ein langes Messer und ist **gefährlich**. *Die Polizei bezahlt 5000 € für Hilfe aus der* **Bevölkerung**.

Tim **starrt** auf die Zeitung. Der Mann – das Messer – das Haus! Er war ein Einbrecher! Tim holt das Handy aus seinem Rucksack. Er muss die Polizei rufen. Nein! Er würde auch ins **Gefängnis** kommen. Was soll er jetzt machen?

Dann passiert alles sehr schnell. Draußen halten zwei Polizeiautos. Tim muss weg! Er nimmt seinen Rucksack und läuft hinaus. Vier Polizisten springen aus den Autos und ziehen ihre **Pistolen**. „Stehen bleiben", rufen sie.

Tim **hebt** die Hände. Zwei Polizisten kommen zu ihm. Sie nehmen den Rucksack und öffnen ihn.

„Er hat kein Messer", sagt der erste Polizist. „Aber er trägt eine Baseballmütze und rote Turnschuhe. Genau wie der Mann am Telefon gesagt hat."

„Was?", fragt Tim. „Welcher Mann?"

„Ein Mann hat dich heute gesehen. Glück für uns und **Pech** für dich." Er nimmt die Kamera aus dem Rucksack. „Ich bin sicher, die Kamera ist aus dem Haus Nr. 15."

„Und ich bin sicher, die Fingerabdrücke auf der Bierflasche gehören dir", sagt der andere Polizist und bringt

Tim zum Auto.

„Nein, warten Sie, ich kann das erklären", sagt Tim.

„Das kannst du dem **Richter** erklären, Junge." Der Polizist schiebt ihn ins Auto und macht die Autotür zu.

„Schach matt", sagt Tim und schließt die Augen.

~~~

die **Mitternacht** - midnight, die **Taschenlampe** - flashlight, **klettern** - to climb, **still** - silent, **fühlen** - to feel, **blöd** - stupid, **stehlen** - to steal, die **Zigarette** - cigarette, **rauchen** - to smoke, der **Feigling** - coward, der **Motor** - engine, die **Dose** - can, das **Gesicht** - face, **verlassen** - to leave, das **Einfamilienhaus** - single-family house, **einbrechen** - to break in, der **Schluck** - sip, **zusammenpressen** - to clench, **niemand** - no one, das **Werkzeug** - tools, **offen lassen** - to leave open, der **Handschuh** - glove, **flüstern** - to whisper, **atmen** - to breathe, **vorsichtig** - carefully, der **Bewohner** - inhabitant, **altmodisch** - old-fashioned, die **Süßigkeit** - candy, **nichts anderes** - nothing else, **sich umdrehen** - to turn around, **eckig** - square, **stark** - strong, das **Rollo** - roller blind, die **Stehlampe** - floor lamp, **schief** - crooked, **feucht** - here: sweaty, **schließlich** - finally, **hinaus** - outside, **Verdammt!** - Damn!, der **Schalter** - switch, **gehen lassen** - to let go, **näher** - closer, **nachdenken** - to think about/to contemplate, der **Einbruch** - break-in, das **Risiko** - risk, das **Schachspiel** - chess game, die **Schachfigur** - chess piece, das **Schachbrett** - chessboard, **Wenn du gewinnst ...** - If you win ..., **gewinnen (hat gewonnen)** - to win, **verlieren (hat verloren)** - to lose, die **Münze** - coin, **trocken** - dry, **nervös** - nervous, **bewegen** - to move, die **Königin** - queen, **aufpassen** - to pay attention, **sich konzentrieren** - to concentrate, der **Turm** - here: rook, **den Kopf schütteln** - to shake one's head, **bemerken** - to notice, der **Springer** - here: knight, **packen** - here: to stow, **zittern** - to tremble, die **Gegend** - area, **rennen** - to run, der **Spielplatz** - playground, die **Tankstelle** - gas station, die **Kassiererin** - cashier, **dumm** - dumb, der **Kassenbeleg** -

receipt, **die Unterschrift** - signature, **unterschreiben** - to sign, **ignorieren** - to ignore, **gefährlich** - dangerous, **die Bevölkerung** - population, **starren** - to stare, **das Gefängnis** - prison, **die Pistole** - gun, **heben** - here: to raise, **das Pech** - bad luck, **der Richter** - judge

3. Kilians Buch

Leas Beine zittern. Sie setzt sich auf einen Stuhl in der Tankstelle und sieht aus dem Fenster. Das Polizeiauto mit dem Jungen fährt in diesem Moment los. Unglaublich! Der Junge war ein Einbrecher! Die Polizisten haben Lea viele Fragen gestellt. Wann ist der Junge in die Tankstelle gekommen? Was hat er gesagt? Hat er etwas bestellt? Wie hat er bezahlt? Bar oder mit EC-Karte?

Lea hat alle Fragen beantwortet. Jetzt braucht sie unbedingt einen guten Kaffee, aber nicht den von der Tankstelle! Sie nimmt ihre Jacke und ihren Rucksack mit den Büchern von der Universität. Dann schließt sie die Tür der Tankstelle zu – hoffentlich ist ihr Chef nicht **sauer**! – und geht die Straße hinunter. Es ist kurz nach 3:30 Uhr morgens und es gibt nur ein Café in der Nähe. Es heißt „Nachtkaff" und ist 24 Stunden geöffnet. Die Straßen sind ruhig, nur manchmal fährt ein Auto vorbei. Ein leichter Wind **weht** um die Häuser. Lea macht ihre Jacke zu und steckt die Hände in die Hosentaschen.

Wenige Minuten später kommt sie im „Nachtkaff" an. In dem kleinen Café ist es warm. An den Wänden hängen Bilder mit **Kaffeebohnen** und bunten Tassen. Leise Musik kommt aus einem Radio, ein Kellner steht hinter der **Theke** und spielt mit seinem Smartphone. Lea setzt sich an einen runden Tisch in der Ecke und bestellt einen großen Latte Macchiato. Das Café ist fast leer. Nur eine Frau mit kurzen Haaren isst in der **Mitte** des Cafés ein Stück Kuchen. Neben der Tür sitzt ein junger Mann und liest ein Buch. Er ist groß, sportlich und hat dunkle Haare. Am Stuhl hängt seine **Lederjacke**.

„Hey, Kilian! Noch einen Kaffee?", ruft der Kellner.

„Klar!", antwortet der junge Mann.

Lea lächelt. Kilian heißt er also. Er ist sehr attraktiv. **Sie hat das Gefühl, dass** sie ihn schon einmal gesehen hat. Vielleicht an der Uni. Studiert er auch Literatur?

Lea holt ein **Notizbuch** aus dem Rucksack. Dann sucht sie einen Stift und findet einen in ihrer Jackentasche. Sie sieht ihn genau an. Das ist nicht ihr Kuli. Aber woher hat sie ihn? Dann erinnert sie sich wieder. Der Junge in der Tankstelle hat den Kassenbeleg mit diesem Kuli unterschrieben und ihn dann auf der Theke gelassen. Was passiert jetzt mit ihm? Dann schüttelt sie den Kopf. Sie will nicht mehr daran denken.

Lea öffnet ihr Notizbuch. Bis übermorgen muss sie für Professor Epstein einen Text über ihr aktuelles Lieblingsbuch schreiben. Sie muss dieses Mal unbedingt eine gute **Note** bekommen. Die letzten Texte waren schlecht. Sie hat viel in der Tankstelle gearbeitet und hatte leider nicht genug Zeit. Lea schaut auf das leere Blatt Papier. Über welches Buch kann sie schreiben? **Im Radio läuft** ein langsames Lied und Leas Augen sind müde. Sie denkt nach. Im letzten halben Jahr hat sie nur langweilige Bücher gelesen. Sie legt den Kugelschreiber auf den Notizblock. Vielleicht kann sie morgen in die **Buchhandlung** gehen und ein neues Buch kaufen. Aber welches?

Jemand im Café lacht laut. Es ist Kilian. In einer Hand hat er seine Tasse Kaffee, in der anderen ein Buch. Er liest eine Seite, dann lacht er wieder. „Fantastisch", sagt er und trinkt einen Schluck Kaffee.

Lea schaut auf die leere Seite in ihrem Notizbuch und

dann wieder zu Kilian. Sein Buch muss gut sein. Sie versucht, den Titel zu erkennen, aber Kilian sitzt zu weit weg. Dann hat sie eine Idee. Sie steht auf und geht in Richtung Toilette, vorbei an Kilians Tisch. Kilian sieht sie an und lächelt. Seine Augen sind grün. Leas Herz schlägt schneller. Sie konzentriert sich auf das Buch. Das Cover ist rot. Der Titel steht in schwarzen Buchstaben über dem Bild einer **Katze**.

„Thomas", ruft Kilian plötzlich. Er macht das Buch zu, legt es mit dem Cover nach unten auf den Tisch und steht auf. Thomas, der Kellner, kommt zu ihm. Lea wird ganz rot. Links sitzt Kilian, von rechts kommt Thomas. Sie schaut auf den Boden und läuft zur Toilette. Dort schließt sie die Tür hinter sich und schaut durch ein kleines Fenster hinaus. Kilian bezahlt seine Rechnung. Dann schüttelt er Thomas' Hand, nimmt seine Tasche und geht hinaus.

Das Buch! Kilian hat es auf dem Tisch neben seiner Kaffeetasse vergessen. Lea öffnet die Toilettentür und geht zum Tisch. Thomas, der Kellner, bringt **gerade** einem neuen Gast einen Tee. Sie muss das Buch schnell nehmen. Thomas darf sie nicht sehen. Plötzlich öffnet sich die Tür des Cafés wieder und Kilian kommt zurück.

„Noch einen Kaffee?", ruft Thomas und lacht.

Kilian nimmt das Buch vom Tisch. „Nein, danke! Nur das Buch. Das ist besser als der beste Kaffee!" Er **winkt** und geht wieder hinaus.

Lea rennt zu ihrem Tisch. Sie holt 10 Euro aus ihrem Geldbeutel und legt sie auf den Tisch. „**Stimmt so!**", ruft sie Thomas zu und läuft hinaus. Wo ist Kilian? Dann sieht sie ihn. Er **geht über die Straße** zu einer S-Bahn-Station. Lea läuft los. Der Wind zieht an ihrer Kleidung.

Die S-Bahn-Station ist voll mit jungen Leuten. Sie sprechen und lachen sehr laut. Kilian setzt sich auf eine Bank. Die zwei Teenager neben ihm **küssen** sich und bemerken ihn nicht. Er nimmt das Buch aus seiner Jackentasche und liest weiter.

Lea schaut auf den **Fahrplan**. Die erste S-Bahn an diesem Morgen ist die S2. Das ist ihre Bahn. Sie hat nur noch wenige Sekunden Zeit. Vielleicht kann sie Kilian einfach nach dem Titel des Buches fragen? Sie geht einen Schritt näher, aber dann bleibt sie wieder stehen. Warum ist sie nur so **schüchtern**? Die S-Bahn kommt an, und die Türen öffnen sich. Lea hat leider keine Zeit mehr. Sie schaut zu Kilian, aber die Bank ist leer. Lea schaut um sich und sieht ihn an einer anderen Tür in die Bahn steigen.

Die Türen schließen wieder. Im letzten Moment springt Lea in die Bahn. Kilian ist ein bisschen weiter hinten. Er sitzt auf einem **Vierersitz** auf der linken Seite. Lea setzt sich auf den Vierersitz auf der rechten Seite. Ihr gegenüber sitzt eine Studentin und liest eine Zeitschrift. Neben ihr hört ein Teenager auf seinem Smartphone Musik. Die Bahn fährt wieder los.

„Unglaublich!", sagt Kilian plötzlich und **blättert eine Seite** in seinem Buch **weiter**. Seine Augen sind ganz groß, sein Kopf bewegt sich schnell die Seite hinunter.

Lea **bückt sich**. Von unten schaut sie auf das Cover des Buches in Kilians Hand. Aber Kilian legt das Buch auf seinen **Schoß**, holt etwas Schokolade aus seiner Tasche und beginnt zu essen. Lea setzt sich wieder **gerade** hin. Sie **massiert** ihren Kopf und schaut unter der Hand auf die Buchseiten. Vielleicht kann sie etwas lesen.

„Hatschi!" Kilian **niest** und das Buch fällt auf den Boden, natürlich mit dem Titel nach unten. Auf der **Rückseite** stehen einige Zeilen über das Buch, aber die Schrift ist zu klein. Das ist Leas Chance! Sie muss das Buch **aufheben.** Lea und Kilian bücken sich gleichzeitig. Ihre Köpfe **stoßen zusammen.**

„Aua!" Bunte **Sterne** tanzen vor Leas Augen.

„Entschuldige." Kilian lächelt und nimmt ihr das Buch aus der Hand. „Aber danke für deine Hilfe."

Der Teenager neben ihr macht die Musik auf seinem Smartphone lauter. Leas Kopf tut noch mehr weh. Sie schließt die Augen.

„Nein!", sagt Kilian und blättert zwei Seiten im Buch zurück und dann wieder vor. „Sehr interessant."

Lea seufzt. Es gibt nur eine Möglichkeit: Sie muss Kilian nach dem Titel des Buches fragen. Also gut! Sie **atmet** tief **ein.** „Was liest du da?", fragt sie mit leiser Stimme.

„Ach, nichts Interessantes", antwortet die Studentin vom Platz gegenüber. Sie zeigt Lea die Zeitschrift. „Die habe ich in der S-Bahn-Station gefunden. Im Moment lese ich einen Artikel über Brad Pitt, Angelina Jolie und ihre sieben Kinder. Sieben Kinder! Möchtest du sieben Kinder haben? Also ich nicht. Ich möchte Karriere machen, Geld verdienen, um die Welt reisen! Oh, ich muss aussteigen! Hier, die kannst du haben. Brad und Angelina sind ja nicht mehr zusammen." Die Studentin gibt Lea die Zeitschrift.

An der U-Bahn-Haltestelle steigen viele Leute aus, auch die drei Fahrgäste neben Kilian. Der Junge neben Lea ist eingeschlafen. Lea steht auf und setzt sich Kilian gegenüber.

Kilians Handy **klingelt.** Zuerst sucht er es in seiner linken Jackentasche, dann in seiner rechten und findet es schließlich in seiner Hosentasche.

„Hallo? Ach, du bist es! … Noch eine Haltestelle, dann bin ich zu Hause. Ich war nach meiner Geburtstagsparty noch in einem Café … Ja, die Party war toll! Ich habe ein supergutes Buch als Geschenk bekommen … Der Titel?" Kilian macht das Buch zu und hebt es vor seine Augen. „Es heißt …"

„**Fahrkartenkontrolle!**" Ein dicker **Schaffner** mit müden Augen steht vor ihnen.

„Ich muss aufhören", sagt Kilian. „Wir sprechen dann morgen weiter, okay?" Er legt das Buch auf den Platz neben sich. Endlich! Der Titel ist klein geschrieben, aber … Kilian legt sein Smartphone auf das Buch. Mist!

„Entschuldige", sagt Kilian plötzlich zu Lea. „Hast du einen Stift?"

„Äh, ja, natürlich." Lea holt den silbernen Kugelschreiber aus ihrer Tasche. „Hier."

„Danke." Kilian zeigt dem Schaffner seine Fahrkarte.

„Junge Frau?", sagt der Schaffner.

„Entschuldigung." Lea sucht in ihren Taschen nach dem Monatsticket. Sie kann es nicht finden. Sie nimmt ihren Rucksack auf den Schoß. Wo ist es nur?

„Haben Sie es oder nicht?", fragt der Schaffner **ungeduldig**. Die Bahn hält.

„Eine Sekunde." Lea ist sauer. Sie ist doch keine **Schwarzfahrerin**! Da! Die Monatskarte ist aus ihrem Geldbeutel zwischen ihre Bücher gefallen.

„Endlich", sagt der Schaffner, kontrolliert das Datum und **weckt** den Teenager auf der anderen Seite.

Wo ist Kilian? Der Platz gegenüber ist leer. Lea sieht aus dem Fenster. Kilian steigt gerade eine Treppe zu einem Park hinauf. Oh, nein! Alles war **umsonst**! Sie denkt an

Kilians grüne Augen. Vielleicht kommt er noch einmal ins „Nachtkaff"?

Dann denkt sie wieder an den Text für Professor Epstein. Lea seufzt. Morgen muss sie ganz früh aufstehen und in die Buchhandlung gehen. Dort gibt es tausend Bücher. Wie soll sie so schnell ein gutes Buch finden?

„Gehört das Ihnen?" Ein neuer Fahrgast möchte sich Lea gegenüber setzen, aber auf dem Platz liegt ein Buch. Kilians Buch! Er hat es vergessen. Lea schaut zur Treppe. Kilian ist fast oben. Was soll sie jetzt machen? Aussteigen? Das Buch mitnehmen? Zu spät. Die Bahn schließt die Türen.

„Ja oder nein?", sagt der Fahrgast.

„Tut mir leid. Ja, das ist meins." Sie nimmt das Buch und schaut auf das Cover. Sie muss lachen. Der Titel ist wirklich lustig: „Das **geheimnisvolle** Buch", steht da in schwarzen Buchstaben. Sie macht das Buch auf. Jemand hat etwas in kleiner Schrift auf die erste Seite geschrieben.

Hallo du! Hast du Lust auf einen Kaffee im „Nachtkaff?" Am Sonntag um 15 Uhr? Dann kannst du mir das Buch zurückgeben und du bekommst deinen Kugelschreiber wieder. :o)
Kilian, 0142/293847

Lea schaut noch einmal zur Treppe. Kilian steht oben und winkt. Die Bahn fährt los, und bald kann sie ihn nicht mehr sehen. Lea lächelt. Dann blättert sie eine Seite weiter zum ersten **Kapitel** und beginnt zu lesen.

~ ~ ~

sauer - here: angry, **wehen** - to blow, **die Kaffeebohne** - coffee bean, **die Theke** - counter, **die Mitte** - middle, **die Lederjacke** - leather jacket, **Sie hat das Gefühl, dass** ... - She has got the feeling, that ..., **das Notizbuch** - notebook, **die Note** - grade, im **Radio laufen** - to play on the radio, **die Buchhandlung** - book store, **die Katze** - cat, **gerade** - at the moment, **winken** - to wave, **Stimmt so!** - Keep the change!, **über die Straße gehen** - to cross the street, **küssen** - to kiss, **der Fahrplan** - timetable, **schüchtern** - shy, **der Vierersitz** - four-seater, **eine Seite weiterblättern** - to turn the page, **sich bücken** - to bend down, **der Schoß** - lap, **gerade** - straight, **massieren** - to massage, **niesen** - to sneeze, **die Rückseite** - back page, **aufheben** - to pick up, **zusammenstoßen** - to bump together, **der Stern** - star, **einatmen** - to breathe in, **klingeln** - to ring, **die Fahrkartenkontrolle** - ticket inspection, **der Schaffner** - conductor, **ungeduldig** - impatient, **der Schwarzfahrer** - fare dodger, **wecken** - to wake up, **umsonst** - for nothing, **geheimnisvoll** - mysterious, **das Kapitel** - chapter

4. Das Haus auf dem Feld

Kilian lächelt. Das Mädchen in der S-Bahn war wirklich süß. Hoffentlich folgt sie seiner Einladung und kommt am nächsten Wochenende ins „Nachtkaff". Die Treppe bringt ihn nach oben in einen kleinen Park. Es ist noch dunkel und kühl. Kilian ist sehr müde. Zu seiner Wohnung muss er noch 15 Minuten laufen. Es ist jetzt 4.50 Uhr morgens und die Busse fahren noch nicht. Soll er ein Taxi nehmen?

„Sport ist gesund", sagt Kilian zu sich selbst und geht durch den Park auf die Straße. Einige Autos fahren vorbei, aber er ist der einzige Fußgänger auf dem **Gehweg**. Alles ist still, nur einige Vögel wachen langsam auf und **zwitschern** in den Bäumen.

Kilians Wohnung liegt am Stadtrand in der Bergstraße. Sein Weg **führt** ihn an einem Feld vorbei. Alle Häuser in dieser Gegend sind dunkel, aber bald stehen die ersten Leute auf und gehen zur Arbeit. Kilian ist **froh**, dass er erst am Nachmittag Unterricht an der Universität hat. Er muss unbedingt schlafen.

Kilian nimmt eine **Abkürzung** über das Feld. Plötzlich sieht er vor sich ein schwaches Licht. Auf dem Feld stehen einige neue Häuser, aber sie sind noch nicht fertig gebaut und niemand wohnt dort. Kilian bleibt stehen. Was bedeutet das? Haben die **Bauarbeiter** schon mit ihrer Arbeit angefangen? Aber das ist **unmöglich**. So früh am Morgen dürfen sie noch keinen **Lärm** machen. Aber was passiert dann dort?

Langsam geht er den Feldweg hinauf. Die Straßenlampen hinter ihm werden immer kleiner und bald ist das Licht

verschwunden. Das einzige Licht kommt jetzt von dem **Mond** über ihm. Etwas bewegt sich im Gras und Kilian springt zur Seite. Dann sieht er einen kleinen Schatten über den Weg laufen. Eine Maus! Kilian atmet ganz schnell. Links und rechts von ihm stehen hohe Bäume. Der Wind weht durch ihre **Blätter**. Sie sehen aus wie große, graue **Geister**.

Kilian schaut auf das Haus vor ihm. Der erste und zweite Stock sind dunkel, aber im Erdgeschoss ist Licht. Jemand geht am Fenster vorbei. Kilian läuft leise zum Haus und **drückt sich gegen** die **Mauer**. Er kann Stimmen hören, aber er versteht nicht, was sie sagen.

Kilian schaut durch das Fenster ins Haus. Da sind zwei Männer in einem großen leeren Zimmer. Der eine ist groß und dünn, der andere klein und dick. In dem Zimmer gibt es nur einen langen Tisch und einige Stühle. Die Männer stehen mit dem Rücken zum Fenster und **diskutieren** etwas. Kilian kann ihre Gesichter nicht erkennen. Eine Frau in einem dicken Pullover sitzt auf dem Tisch und …

„Hey, was machst du hier draußen?"

Kilian dreht sich **erschrocken** um. Hinter ihm steht ein Mann mit einer Pistole in der Hand. Er trägt einen grauen **Kapuzenpullover** und eine Jogginghose. Die Kapuze hat er über den Kopf gezogen.

„Ich finde, du bist total unhöflich", sagt er.

„Ich …", sagt Kilian.

Der Mann macht eine Bewegung mit der Pistole. „Ich will keine Entschuldigung hören. Und jetzt kommst du mit ins Haus."

Kilian steht auf und hebt seine Hände über den Kopf. Seine Arme zittern. Der Mann mit der Kapuze bringt ihn durch die **Eingangstür** ins Haus. Dann schiebt er ihn durch einen kleinen Flur ins Wohnzimmer.

„Ich habe ihn. Wir können weitermachen", sagt er.

Die zwei Männer schauen Kilian von oben bis unten an und schütteln den Kopf.

„Du weißt, was du tun musst, Harry", sagt die Frau. „Wir dürfen keine Zeit mehr verlieren."

Harry, der Mann mit der Kapuze, bringt Kilian zu einem Stuhl neben dem Fenster. Kilian muss sich setzen und Harry **bindet** seine Hände mit einem **Seil** am Stuhl **fest**.

Kilian schaut sich im Wohnzimmer um. Die Wände sind noch nicht **gestrichen**, überall hängen **Kabel**, aber noch keine Lampen. Drei **Kerzen** stehen auf dem Tisch in der Mitte des Zimmers und geben ein bisschen Licht. Auf dem Tisch sind einige leere Pizzakartons, eine Flasche, einige Hefte, eine **Rolle Papier** und ein Teller mit **belegten Brötchen**. Auf einem Stuhl liegen drei Pistolen.

„Können wir weitermachen?", fragt Harry seine Freunde. Seine Stimme klingt sehr jung.

„Gib mir noch fünf Minuten", sagt der kleine Mann. Er hat einen dicken Bauch und einen **Schnurrbart**. Er setzt sich auf einen Stuhl, nimmt sich ein Brötchen und beginnt zu essen.

„Alex, hast du mich nicht gehört?", sagt die Frau. „Wir haben keine Zeit mehr!"

Alex steckt sich ein Stück Brötchen in den Mund. „Ich habe keine Lust mehr, Bille", sagt er. „Immer musst du mich **kritisieren**. Außerdem finde ich unseren Plan total blöd. Das funktioniert nie!"

Bille nimmt ihm das Brötchen weg und **wirft** es auf den Teller. „Wenn du keine Lust mehr hast, dann geh nach

Hause! Wir können das hier auch ohne dich machen!",
schreit sie.

„Aufhören!", ruft plötzlich jemand vom anderen Ende
des Zimmers.

Kilians Herz schlägt hart in seiner Brust. Da ist noch
jemand. Dann sieht er einen Schatten ganz hinten im Raum
in einer Ecke ohne Licht. Ein Mann steht langsam auf und
kommt zum Tisch.

„Alex und Bille", sagt er mit einer sehr tiefen Stimme.
„Das hier ist kein Spiel. Wir haben das alles angefangen,
also müssen wir es auch zu Ende bringen. Alex, essen
kannst du in einer halben Stunde. Los jetzt, wir machen
weiter."

Kilian sieht sich den Mann genau an. Er ist etwa 45 Jahre
alt, hat eine **Glatze**, eine lange Nase und viele **Muskeln**. Er
nimmt den Teller mit den Brötchen vom Tisch und geht
zurück zu seinem Stuhl in der Zimmerecke.

„Also gut", sagt Alex und steht wieder auf. „Aber **es ist
nicht meine Schuld**, dass wir Verspätung haben." Er
schaut Kilian böse an. „Wo haben wir aufgehört?", fragt er
dann seine Freunde.

„Bei der Villa und dem Code für den Safe", sagt Harry.

Einbrecher! Jetzt endlich versteht Kilian. Diese Leute
wollen in eine Villa einbrechen. Und er hat sie bei ihren
Plänen überrascht. Was kann er jetzt tun?

Kilian muss sich alle Leute genau anschauen. So kann er
der Polizei später wichtige Informationen geben. Den Mann
in der dunklen Zimmerecke und Alex mit seinem dicken
Bauch kann Kilian schon gut beschreiben. Er schaut zu der
Frau. Sie ist etwa 1,70 groß. Ihre Haare sind blond und sie
hat viele kleine **Locken**. Sie trägt eine dunkelrote Brille und

hat ein sehr **spitzes Kinn**. Ihre Figur ist rund und unter dem Pullover trägt sie ein hässliches Kleid mit Blumen.

Kilian wiederholt die Namen der Einbrecher in seinem Kopf. Alex mit dem dicken Bauch, Harry mit der Kapuze und Bille mit dem hässlichen Kleid. Den Namen des Mannes in der Ecke hat niemand gesagt.

„Okay", sagt Bille. „Fangen wir an."

Alex schlägt mit der Hand auf den Tisch. „Ich sage, wir machen es heute Abend."

„Du meinst: Wir machen es heute Nacht", korrigiert Bille.

Alex **rollt mit den Augen**. „Ich sage, wir machen es heute Nacht", sagt er noch einmal.

„Bist du **verrückt**?", sagt Bille. „Wir wissen noch nicht genug. Wir brauchen mehr Informationen über die **Millionäre**." Sie nimmt die Rolle Papier vom Tisch und **hält** sie Alex vor die Nase. Kilian erkennt die Zeichnung von einem Haus. Bille zeigt mit dem Finger auf das Papier.

„Wir müssen drei Dinge wissen", sagt sie. „Erstens: Wo im Haus ist der Safe **versteckt**? Zweitens: Was ist der Code? Und drittens: Gibt es eine **Alarmanlage** im Haus und wie macht man sie aus?"

Harry hustet und geht zum Tisch. „Die Antwort haben wir gleich", sagt er. „Aber zuerst brauche ich ein bisschen Alkohol." Er nimmt die Flasche und trinkt einen großen Schluck. Er **wischt** sich mit der Hand über den Mund. Dann geht er zu Kilian und bleibt vor ihm stehen. „So, mein Junge."

Kilian fühlt Harrys **Atem** auf seinem Gesicht, aber er riecht überhaupt keinen Alkohol, **sondern** nur Wurst und Käse. Kilian schaut dem jungen Mann direkt ins Gesicht. Harry hat blaue Augen und unter der Kapuze erkennt

Kilian lange, dunkle Haare. An der Lippe hat er ein Piercing.

„Also?", sagt Harry. „Wo im Haus haben deine Eltern das Geld versteckt?"

„Meine Eltern?" Kilian schaut Harry mit großen Augen an. Glauben diese Leute, dass er der Sohn der Millionäre in der Villa ist? „Hören Sie", sagt er. „Ich glaube, Sie machen einen großen Fehler."

„Lauter", ruft der Mann in der dunklen Ecke. „Ich kann hier nichts verstehen."

„Sprich lauter", flüstert Harry in Kilians Ohr. „Robert **hat** heute **schlechte Laune**."

Robert! Jetzt kennt Kilian alle Namen. Aber was bedeuten diese Informationen für ihn? Er hat alle Einbrecher genau gesehen, er kennt ihre Vornamen. Dann ist Kilian die Antwort klar. Die Einbrecher lassen ihn bestimmt nicht wieder gehen. Jetzt ist alles egal.

„Sie machen einen großen Fehler", ruft Kilian so laut er kann. Vielleicht geht jemand auf dem Feld mit seinem Hund spazieren und hört ihn. Das ist seine letzte Chance.

„Ja, gut so!", ruft Robert aus der Ecke.

„Aber der Satz ist nicht ganz richtig!", sagt Bille.

Robert steht auf. „Das ist jetzt egal. Wir haben keine Zeit für Details. Mach weiter, Junge!"

Die sind alle verrückt, denkt Kilian. „Ich bin nicht der Sohn der Millionäre", ruft er. „Sie haben den falschen Mann!"

Alex lacht laut. „Junge", sagt er. „Man darf nicht **lügen**. Haben deine Eltern dir das nicht gesagt? Und jetzt frage auf unsere Antworten!"

„Nein! Das ist falsch", ruft Bille und boxt Alex in den

Arm. „Du musst sagen: Antworte auf unsere Fragen."

„Aua!", sagt Alex. „Entschuldigung, okay?" Dann schaut er wieder Kilian an. „Und jetzt antworte auf unsere Fragen."

„Mein Name ist Kilian Jahnke, ich bin 21 Jahre alt und Student der Mathematik. Meine Eltern sind Ingenieure, aber keine Millionäre!"

Harry schaut zu Alex und Bille. Die zucken mit den Schultern und schauen zu Robert.

„Weiter", sagt Robert mit seiner tiefen Stimme.

„Harry, bist du absolut sicher, dass du den richtigen Jungen hast?", fragt Bille.

Harry nimmt die Kapuze vom Kopf und schaut böse. „Ich bin doch nicht blöd. Ich habe den Jungen vor der Villa seiner Eltern getroffen und ihn dann in mein Auto **gezogen**. Das ist der Sohn der Millionäre Klaus und Elise Widmann. Hier ist ein Foto von ihm." Er geht zurück zum Tisch und öffnet ein Heft. „Moment, ich habe es gleich."

„Zeig mal!", sagt Alex und schaut Harry über die Schulter.

„**Geh mir aus dem Weg**, ich will das auch sehen!" Bille schiebt Alex zur Seite.

„Hey", ruft Alex. „Ich war zuerst hier!"

Was erzählt dieser Harry?, denkt Kilian. Warum lügt er? Er hat Kilian das erste Mal vor einer halben Stunde draußen vor der Tür gesehen. Kilian war in seinem Leben noch nie in einer Villa. Er bemerkt, dass die Seile um seine Arme nicht sehr **fest** sind. Langsam bewegt er seine linke Hand, und bald ist sie frei. Er schiebt die Hand in seine Jackentasche. Zuerst findet er den silbernen Kugelschreiber von dem Mädchen aus der S-Bahn, dann sein Smartphone. Vorsichtig zieht er es aus der Tasche. Er drückt die

Nummer 9, denn dort hat er die Nummer der Polizei **gespeichert**. Dann steckt er es wieder in die Tasche und zieht die Hand heraus. Der silberne Kugelschreiber fällt auf den Boden und rollt vor die Zimmertür, aber die Einbrecher streiten und hören nichts. Kilian wartet noch einige Sekunden. Jetzt ist bestimmt ein Polizist am Telefon.

„Mein Name ist Kilian Jahnke", ruft er laut. „Ich bin nicht der Sohn der Millionäre Klaus und Elise Widmann. Und ich denke, es ist keine gute Idee, in ihre Villa einzubrechen."

„**Halt den Mund!**", ruft Bille und setzt sich auf den Tisch. „Das ist alles falsch. So kann ich nicht arbeiten."

„Ich möchte nach Hause", ruft Kilian. „Aber jetzt bin ich bei den neuen Häusern auf dem Feld in der Nähe der Bergstraße und ich kann nicht mehr weg."

Robert, der Mann in der Ecke, steht auf und kommt einen Schritt näher. „Ich kann nur noch 15 Minuten bleiben. Bis dann muss hier alles fertig sein."

„Das bedeutet?", fragt Alex.

Robert massiert sich die **Stirn**. „Das bedeutet, wir müssen jetzt schnell machen."

Harry nimmt wieder das Heft in die Hand und sucht etwas.

„Hier" sagt er schließlich. „Hier ist ein Foto von dem Sohn der Millionäre. Und das ist dieser Junge." Er zeigt mit dem Finger auf Kilian.

Kilian versucht, das Foto zu erkennen, aber Harry macht das Heft wieder zu und legt es zurück auf den Tisch.

Alex trinkt einen Schluck aus der Flasche. Dann nimmt er eine Pistole von dem Stuhl und kommt zu Kilian. „So, Junge, der Spaß ist zu Ende. Wo … wo …?" Er schaut zu Bille.

Bille hebt die Arme. „So schwer kann das doch nicht sein! Wo ist der Safe?"

„Wo ist der Safe?", fragt Alex und packt Kilian an den Schultern. Das erste Sonnenlicht fällt in das Wohnzimmer. Draußen fährt ein Traktor vorbei.

Bitte, bitte, denkt Kilian. Hoffentlich schaut der Traktorfahrer durch das Fenster ins Haus. Hoffentlich sieht er, dass Kilian Hilfe braucht. Aber der Traktorfahrer schaut geradeaus und bemerkt nichts. Was passiert jetzt mit ihm?

„Antworte endlich!", ruft Alex und legt die Pistole an Kilians Stirn.

„Okay, ich sage euch den Code", sagt Kilian. Er muss unbedingt am Leben bleiben. Hoffentlich hat der Polizist ihn gehört und schickt seine Kollegen.

„Was?" Alex nimmt die Pistole wieder weg und **kratzt sich** am Kopf.

„Bille?", fragt Robert.

„Moment." Bille öffnet ein Heft und sucht eine Seite. Dann macht sie es wieder zu und wirft es auf den Boden. „Alles falsch!", sagt sie. „So geht es nicht! Alex sagt seinen Text immer falsch." Dann zeigt sie auf Kilian. „Und Paul hat seinen Text überhaupt nicht gelernt. Außerdem glaube ich, er ist **betrunken**."

„Paul?", fragt Kilian. „Wer ist Paul?"

„Seht ihr? Er kennt seinen Namen nicht mehr. Wir haben ihn nur in dieser Theatergruppe **akzeptiert**, weil er der Sohn von unserem Chef ist. So können wir unser **Theaterstück** bei der Feier in der Firma nicht zeigen!"

„Theaterstück?", sagt Kilian.

„Es macht keinen Spaß, jeden Tag eine Stunde vor der Arbeit in dieses Haus zu kommen und zu **proben**.

Außerdem ist mein neues Haus kein Theater!" Bille setzt sich auf einen Stuhl und schaut böse.

„Aber Schatz", sagt Alex. „Die beste Nummer bei der Firmenfeier bekommt dieses Jahr extra viel Weihnachtsgeld! Wir müssen gewinnen!"

„Von dir will ich nichts hören", sagt Bille.

„Ich denke, Bille hat recht", sagt Harry. „Robert, was sagst du als unser **Regisseur?**"

„Regisseur?", fragt Kilian. Langsam nimmt er die Pistole aus Alex' Hand. Sie ist aus Plastik. Er schaut auf die Flasche auf dem Tisch. Im Sonnenlicht sieht er, dass es eine Wasserflasche ist.

„Hände hoch!" Die Tür **geht auf** und zwei Polizisten rennen mit ihren Pistolen ins Wohnzimmer.

„Kilian Jahnke?", fragt ihn ein Polizist.

„Ja, aber -"

„Keine Angst, wir helfen Ihnen." Der Polizist steckt seine Pistole weg und **bindet** Kilian vom Stuhl **los.** „Sind das die Einbrecher?", fragt er.

„Einbrecher? Kilian Jahnke?", schreit Bille. **„Was ist hier los?"**

Dann geht die Tür noch einmal auf und ein Junge mit roten Haaren kommt in den Raum. Er hat einen Kaffee in der Hand und **gähnt** laut. „Ich bin Paul Schröder, der Sohn vom Chef", sagt er. „Ich soll hier in einem Theaterstück spielen. Bin ich zu spät?" Er schaut auf den Boden. Etwas ist unter seinem Schuh. Was ist das? Ein Stift?

~ ~ ~

das Feld - field, **der Gehweg** - sidewalk, **zwitschern** - to chirp, **führen** - to lead, **froh** - happy, **die Abkürzung** - shortcut, **der Bauarbeiter** - construction worker, **unmöglich** - impossible, **der Lärm** - noise, **verschwinden (ist verschwunden)** - to disappear, der **Mond** - moon, das **Blatt** - leaf, der **Geist** - ghost, **sich drücken gegen** - to press against, die **Mauer** - wall, **diskutieren** - to discuss, **erschrocken** - scared, der **Kapuzenpullover** - hoodie, die **Eingangstür** - entrance door, **festbinden** - to tie up, das **Seil** - rope, **gestrichen** - painted, das **Kabel** - cable, die **Kerze** - candle, die **Rolle Papier** - paper roll, das **belegte Brötchen** - sandwich, der **Schnurrbart** - moustache, **kritisieren** - to criticize, **werfen** - to throw, **schreien** - to shout, die **Glatze** - bald head, der **Muskel** - muscle, **Es ist nicht meine Schuld.** - It is not my fault., die **Locke** - curl, **spitz** - pointed, das **Kinn** - chin, **mit den Augen rollen** - to roll one's eyes, **verrückt** - crazy, der **Millionär** - millionaire, **halten** - to hold, **verstecken** - to hide, die **Alarmanlage** - burglar alarm, **wischen** - to wipe, der **Atem** - breath, **sondern** - but, **schlechte Laune haben** - to be in a bad mood, **lügen** - to lie, **ziehen (hat gezogen)** - here: to drag, **Geh mir aus dem Weg!** - Get out of my way!, **fest** - tight, **speichern** - to save, **Halt den Mund!** - Shut up!, die **Stirn** - forehead, **sich kratzen** - to scratch, **betrunken** - drunk, **akzeptieren** - to accept, das **Theaterstück** - stage play, **proben** - to rehearse, der **Regisseur** - director, **aufgehen** - here: to open, **losbinden** - to untie, **Was ist hier los?** - What's going on here?, **gähnen** - to yawn

5. Der geheime Beruf

Paul Schröder parkt den roten Porsche vor der Wohnung seiner Freundin Maike. Er **hupt** und sieht aus dem Fenster. Dann hupt er noch einmal. Maike kommt noch nicht. Paul holt den silbernen Kugelschreiber aus seiner Jackentasche. Er hat ihn gestern in diesem Haus auf dem Feld gefunden. Das war eine komische Situation. In dem Haus war die Polizei. Paul hat nichts mehr verstanden. Die Schauspieler haben dann mit den Polizisten gesprochen, und Paul hat den Stift vom Boden genommen. Die Polizei hat nichts gesehen. Er dreht den Kuli in seinen Händen hin und her. Er **sieht** teuer **aus**. Sehr gut! Dann hupt er noch einmal und öffnet das Autofenster. Das ist sein erster Urlaub mit seiner neuen Freundin. Zwei Monate sind sie schon ein **Paar**. So lange war Paul mit keiner Frau zusammen. Nicht mit Lena, nicht mit Lisa, nicht mit Annika. Und auch nicht mit Luisa, Hannah oder Marie. Und auch nicht mit Alina.

Fünf Minuten später kommt Maike aus ihrer Wohnung. Heute trägt sie ein blaues T-Shirt, eine Jeans und eine moderne Sonnenbrille. Sie sieht das Auto und bleibt einen Moment mit offenem Mund stehen. Dann steigt sie ein und legt ihren Koffer auf den **Rücksitz**.

„Ist das der Porsche deiner Eltern?", fragt sie und gibt Paul einen **Kuss**.

„Du hast gesagt, du willst mit einem **tollen** Auto in Urlaub fahren", antwortet Paul.

„Und deine Eltern geben dir ihren Porsche?", fragt Maike. „Das ist so cool!"

Paul legt den Arm um seine Freundin. „Meine Eltern sind

heute Morgen nach Teneriffa geflogen."

Maike schaut Paul mit großen Augen an. „Bedeutet das, du hast das Auto **gestohlen**?"

Paul lächelt. „Keine Angst. Ich bringe den Porsche nach unserem Urlaub sofort in die Garage zurück, okay?" Er startet den Motor.

„Warte einen Moment!" Maike springt aus dem Auto und macht mit ihrem Smartphone ein Foto von dem Porsche. Dann steigt sie wieder ein. „Das Bild muss ich unbedingt Moni schicken", sagt sie.

„Wer ist das denn?", fragt Paul.

Maike **tippt** eine Nachricht in ihr Smartphone. „Meine beste Freundin natürlich. Du musst noch viel über mich lernen. Aber in Wien haben wir Zeit." Sie lacht und steckt das Handy in ihren Rucksack. „Kann ich fahren?"

Paul schüttelt den Kopf. „Ich denke, das ist keine gute Idee!"

„Warum nicht? Hast du Angst?"

Paul seufzt. „Also gut", sagt er. „Aber nur bis zur Autobahn."

Sie fahren über den Bismarckplatz im Zentrum von Heidelberg. Die Sonne scheint am Himmel, die Temperaturen **steigen** an diesem Tag bis auf 28 Grad.

Maike öffnet das Fenster und **gibt Gas**. „Das ist ein tolles Gefühl!", ruft sie.

Plötzlich läuft ein junger Mann mit einem Koffer über die Straße.

„Pass auf!", ruft Paul. Maike **bremst**, aber es ist zu spät. Paul und Maike springen aus dem Porsche.

„Hey, Mann, geht es dir gut?", ruft Paul.

Der junge Mann steht langsam wieder auf. „Mein Bein tut

weh", sagt er. „Wo ist mein Gepäck?"

Der große Koffer liegt auf der Straße. Er ist kaputt. Einige Socken liegen neben ihm. Auf der Straße gibt es schon **Stau**. Die Autofahrer hupen.

„Ich fahre das Auto von der Straße", sagt Paul.

„Das musst du nicht", sagt der junge Mann. Er steht auf, nimmt seinen Koffer und steigt auf den Rücksitz des Autos.

„Hey, Moment mal!", ruft Paul.

Er und Maike steigen wieder ein. Paul parkt den Porsche neben einem kleinen Park und dreht sich um.

„Du kannst nicht mit uns fahren!", sagt er.

„Aber mit Beinschmerzen und einem kaputten Koffer kann ich auch nicht mit dem Zug fahren", antwortet der Mann und steckt sich einen **Kaugummi** in den Mund.

„Aber …"

„Simon", sagt der Mann.

„Was?"

„Das ist mein Name."

„Simon", sagt Paul. „Wir sind auf dem Weg in den Urlaub nach Wien, und wir möchten lieber allein …"

„Fantastisch!", sagt Simon und legt seine Beine auf den Rücksitz. „Wien ist eine schöne Stadt, habe ich gehört."

„Ich denke, du hast mich nicht richtig verstanden", sagt Paul böse.

„Natürlich habe ich dich verstanden", sagt Simon. „**Benzin** ist teuer. Aber kein Problem, ich kann dich bezahlen."

Paul schaut Simon lange an. „Wie viel?"

„Paul!" Maike zieht an seinem T-Shirt und flüstert in sein Ohr: „Vielleicht sollten wir die Polizei rufen."

„Bist du verrückt?", flüstert Paul zurück. „Mein Vater darf

nicht wissen, dass ich den Porsche genommen habe. **Außerdem** - außerdem ..."

„Außerdem was?"

„Außerdem habe ich keinen Führerschein."

„Das glaube ich nicht!", ruft Maike. Dann flüstert sie wieder: „Das ist **kriminell!**"

„Egal. Ohne Risiko gibt es keinen Spaß, **Süße!**" Paul gibt Maike einen Kuss auf die **Wange**. In dem Moment fahren zwei Polizeiautos an ihnen vorbei. Paul startet den Motor. „Es ist besser, wenn wir weiterfahren", sagt er.

„Hier." Simon gibt Paul zwei Geldscheine. „Das sind 100 Euro. Ich hoffe, das ist genug."

Maike nimmt das Geld in die Hand. „100 Euro? Das ist zu viel."

„Still!", flüstert Paul. Dann sagt er zu Simon: „Gib mir 200 Euro und du kannst mit uns fahren."

„Alles klar", sagt Simon. „Aber die anderen 100 Euro bekommst du, wenn wir in Wien ankommen."

„**Einverstanden**", sagt Paul und gibt Gas.

Auf der Autobahn nach Österreich gibt es an diesem Freitag viel Verkehr. Simon sitzt mit geschlossenen Augen und mit **Kopfhörern** auf dem Rücksitz. Paul macht das Radio an. Sein Handy klingelt schon zum fünften Mal.

„Willst du nicht endlich antworten?", fragt Maike.

„Das sind die Leute von der Theatergruppe", antwortet Paul. „Ich will nicht mit ihnen reden. Heute Abend ist wieder Probe für das Theaterstück."

„Probe?", fragt Maike. „Und du bist nicht dabei? Aber du hast eine wichtige **Rolle**."

„Das ist mir egal. Mein Vater will, dass ich mitspiele. Aber ich finde Theater blöd. Besonders **Amateurtheater**.

Amateure sind sehr schlechte Schauspieler. Jeder kann das sehen." Paul schaut Maike an. „Warum lächelst du?", fragt er.

Maike sieht aus dem Fenster. „Ich freue mich auf unseren Urlaub", sagt sie. „Und ich habe Lust auf einen Kaffee."

„Gute Idee!", ruft Simon von hinten. „Aber bitte keinen Kaffee auf der Autobahn. Wir können eine Pause in Bayern machen."

Eine halbe Stunde später parkt Paul den Porsche im Zentrum von München. Sie finden ein schönes Café neben einem Sportgeschäft und setzen sich an einen Tisch in die Sonne.

Paul bestellt einen Latte Macchiato und Maike und Simon einen Espresso.

„Erzähl uns etwas über dich", sagt Paul zu Simon.

„Was möchtest du wissen?"

„Zum Beispiel: Was bist du von Beruf?"

Simon trinkt von seinem Kaffee und lacht. „Ich mache im Moment eine Ausbildung. Mehr kann ich nicht sagen."

„Warum nicht?"

„Frag mich nicht."

„Ich frage aber."

„Das ist **kompliziert**", sagt Simon.

„Okay", sagt Paul. „Machen wir ein Spiel. Wenn ich deinen Beruf **herausfinde**, gibst du mir noch einmal 200 Euro."

Simon lächelt und gibt Paul die Hand. „Einverstanden."

Paul sieht Simon lange an. Er ist ungefähr 25 Jahre alt. Seine Kleidung ist normal, nicht billig und nicht teuer. Im rechten Ohr trägt er einen runden Ohrring. Woher hat Simon so viel Geld? Hat er auch reiche Eltern?

„Gut", sagt Paul und schüttelt Simon die Hand. „Bist du Ingenieur?"

„Nein."

„Manager?"

Paul schüttelt den Kopf.

„Physiker? Journalist? Lehrer?"

„Nein, nein, nein", antwortet Simon und steht auf. „Entschuldigung, ich muss auf die Toilette. Ich bin gleich wieder da." Er geht in das Café.

„Das kann nicht so schwer sein", sagt Paul zu Maike. Dann sieht er Simons Tasche und nimmt sie schnell vom Stuhl.

„Was machst du da?", fragt Maike. „Das ist nicht deine Tasche!"

„Ich muss aber Simons Beruf wissen!", sagt Paul.

„Warum? Du bekommst genug Geld von deinen Eltern. Du brauchst die 200 Euro nicht."

„Das Geld ist nicht wichtig", sagt Paul. „Aber das hier ist ein Spiel, und ich muss es gewinnen."

In Simons Tasche findet er ein Smartphone, eine Flasche Wasser, ein Comicbuch, zwei **Tafeln Schokolade** und eine **Schmuckschatulle**. Er nimmt die Schatulle heraus, öffnet sie und findet einen Ring aus Gold.

„Zeig mal!" Maike nimmt Paul den Ring aus der Hand und steckt ihn sich an den Finger. Ihre Augen **leuchten**. „Das - das ist fantastisch!", ruft sie.

„Aber leider gehört er nicht dir." Paul zieht Maike den Ring vom Finger und legt ihn zurück in die Schatulle.

Maike trinkt von ihrem Kaffee. „**Wahrscheinlich** hat er eine Freundin und möchte sie bald heiraten."

„Also, ich finde ihn nicht so attraktiv." Paul sucht weiter

in der Tasche. „Komisch", sagt er. „Sein Geldbeutel ist nicht hier. Den hat er wahrscheinlich mitgenommen. Aber vielleicht ist sein Handy interessant."

„Genug jetzt!", ruft Maike. Sie nimmt Paul das Handy weg, steckt es wieder in die Tasche und legt sie zurück auf den Stuhl. Genau in diesem Moment kommt Simon wieder von der Toilette zurück. Er setzt sich an den Tisch und gähnt.

„Wollen wir zahlen?", fragt er und holt seinen Geldbeutel aus der Hosentasche.

„Du musst noch viel lernen, mein Freund", sagt Paul und lacht. „Ich zahle nie in Cafés." Er schaut sich um. Der Kellner steht an einem anderen Tisch und bekommt Geld von den Gästen. „Folgt mir", sagt Paul. Er steht auf und geht mit Maike und Simon schnell auf die Straße zwischen die vielen Fußgänger. Der Kellner hat sie nicht gesehen.

„Nicht schlecht", sagt Simon. „Kennst du noch mehr von diesen Tricks?"

„Ich kenne viele", antwortet Paul. „Und ich finde auch deinen Beruf heraus."

Sie kommen wieder beim Auto an und steigen ein.

Simon lacht. „Viel Glück!", sagt er. „Du hast nur noch wenig Zeit. In vier Stunden sind wir in Wien."

Paul sieht aus dem Fenster. „Ich finde, München ist eine sehr schöne Stadt. Warum bleiben wir nicht eine Nacht hier? Wir können uns die Stadt ansehen und dann in einem Hotel **übernachten**. Was denkt ihr?"

Simon lächelt. „**Ich habe nichts dagegen**", sagt er.

„Männer …", sagt Maike und seufzt.

Einige Stunden gehen sie zusammen in München spazieren. Sie trinken ein Bier im **Hofbräuhaus**, besuchen

Schloss Nymphenburg und den Englischen Garten.

„Du bist Mechaniker", sagt Paul.

„Nein", antwortet Simon.

„Koch."

„Nein."

„Architekt, Friseur, Arzt."

„Du hast keine Chance", sagt Simon.

„Machst du deine Ausbildung in einer großen Firma?", fragt Paul.

„Im Gegenteil", antwortet Simon. „Es gibt nur mich und meine Chefin."

Paul bleibt stehen. „Eine Zwei-Personen-Firma?"

Simon setzt sich auf eine Bank im Englischen Garten und trinkt aus seiner Wasserflasche. „Genau."

Paul schüttelt den Kopf. Welche Firma hat nur zwei Mitarbeiter? Er schaut auf die Uhr. Es ist schon spät.

Viel Zeit hat er nicht mehr.

„Ich denke, wir fahren jetzt zu einem Hotel", sagt Maike. „Ich bin total müde."

Sie gehen zurück zum Porsche und fahren zum Hotel München Palace, ein Fünf-Sterne-Hotel in der Nähe des Zentrums. Paul parkt auf dem Parkplatz direkt vor der Tür zwischen einem roten Toyota aus Heidelberg und einem blauen Audi A6 aus Hamburg. Eine junge Frau mit einem kleinen Koffer **schließt** den Toyota **ab** und geht ins Hotel.

„Ich spreche mit der Rezeptionistin", sagt Paul und steigt aus dem Auto. In der Hotellobby stehen teure Möbel und auf dem Boden liegen schöne Teppiche.

„Der Aufzug ist hinten rechts, Frau Beck", sagt die Rezeptionistin zu der jungen Frau mit dem Koffer.

Frau Beck geht weg und die Rezeptionistin begrüßt Paul,

Maike und Simon freundlich. Sie findet noch ein freies Doppelzimmer und ein Einzelzimmer.

„Ich bezahle für alle." Paul gibt ihr seinen **Personalausweis** und die Rezeptionistin macht eine **Kopie**. Dann gibt sie ihnen die Schlüsselkarten. „Ihre Zimmer sind im dritten Stock, Herr Schulze. Zimmernummer 311 und 317. Frühstück gibt es morgen früh zwischen sieben und zehn Uhr."

Paul, Maike und Simon steigen in den Aufzug.

„Herr Schulze?", fragt Maike.

Paul **grinst** und zeigt Maike und Simon seinen Personalausweis.

„Ein falscher Ausweis." Simon lacht. „Ich muss sagen: Dein Trick ist nicht schlecht."

„So **spare** ich viel Geld", sagt Paul. „Clever ist clever."

Der Aufzug hält im dritten Stock und die drei steigen aus. „Wollen wir heute Abend in der Bar noch etwas trinken?", fragt Paul. Mit ein bisschen Alkohol spricht Simon bestimmt über seinen Beruf. Heute Abend will Paul das Spiel unbedingt gewinnen.

Aber Simon gähnt. „Tut mir leid", sagt er. „Ich bin kaputt." Er schließt sein Zimmer auf und wünscht Paul und Maike eine gute Nacht."

„Verflixt!", sagt Paul. „Aber morgen beim Frühstück finde ich seinen Beruf heraus. Das verspreche ich."

Am nächsten Morgen stehen Paul und Maike um acht Uhr auf. Paul sieht aus dem Fenster. Heute ist der Himmel voll mit grauen Wolken.

„Ich brauche noch einen Moment", ruft Maike aus dem Badezimmer. „Du kannst schon zum Frühstück gehen."

„Nehmen wir unsere Sachen mit?", fragt Paul.

„Nein, wir haben genug Zeit", ruft Maike durch die Tür. „Wir können nach dem Frühstück auschecken."

Paul zieht seine Jacke an, schließt die Tür vom Hotelzimmer 311 und geht den Flur hinunter. Vor der Tür mit der Nummer 317 bleibt er stehen. Ist Simon noch da? Er **klopft** an die Tür. Niemand antwortet. Er klopft noch einmal. Nichts. Paul schaut sich um. Dann zieht er seinen falschen Ausweis aus der Hosentasche. Einige Sekunden später ist die Tür offen. Paul geht hinein und macht die Tür leise zu. Simon ist nicht da. Wo ist seine Tasche? Paul muss unbedingt Simons Geldbeutel und sein Handy finden. Er sieht in den Schrank, unter das Bett und ins Badezimmer. Alles ist leer. Simon hat seine Tasche wahrscheinlich mit zum Frühstück genommen. Das ist Pech! Paul geht aus dem Zimmer und nimmt den Aufzug nach unten.

Der Frühstücksraum ist voll mit Hotelgästen. Kellner laufen zwischen den Tischen hin und her. Paul sucht Simon, aber er findet ihn nicht.

Er nimmt sich einen Teller mit Brot, Käse und Schinken und eine Tasse Kaffee. Dann setzt er sich an einen freien Tisch am Fenster. Draußen regnet es jetzt. Einige Leute verlassen das Hotel und gehen zum Parkplatz. Ein Paar steigt in den blauen Audi aus Hamburg und fährt weg. Zwei Parkplätze weiter steht der rote Toyota aus Heidelberg, aber der Parkplatz in der Mitte ist leer. Paul springt vom Stuhl. Die Kaffeetasse fällt auf den Boden. Wo ist sein Porsche?

Paul rennt aus dem Hotel. Er läuft den Parkplatz hinauf und hinunter, aber sein Porsche ist weg. Dann rennt er zur Rezeption. „Mein Auto ist weg", schreit er. „Rufen Sie sofort die Polizei!"

Dann nimmt er den Aufzug in den dritten Stock zum

Zimmer 311. Er öffnet die Tür.

„Maike!"

Er hört **Geräusche** aus dem Bad.

„Maike!" Paul klopft an die Tür. „Komm schnell! Jemand hat ..."

Die Tür öffnet sich und ein **Zimmermädchen** kommt heraus.

„Wo ... wo ist meine Freundin?", fragt Paul.

„Sie hat das Hotel verlassen", sagt das Zimmermädchen erschrocken. „Sie hat gesagt, das Zimmer ist frei, und ich kann putzen."

„Das ist unmöglich!", sagt Paul und setzt sich auf das Bett. Das Zimmer ist leer. Maikes Koffer ist weg und sein Koffer auch. Auch sein Geldbeutel und sein Handy liegen nicht mehr auf der **Kommode**.

„Ich glaube aber, dass sie ihr Smartphone hier vergessen hat." Das Zimmermädchen zeigt auf den Tisch vor dem Fenster.

Langsam steht Paul auf. Tausend **Gedanken** gehen durch seinen Kopf. Er nimmt das Handy in die Hand. Es gehört nicht Maike. Paul schaltet das Handy ein. Auf dem Display sieht er einige WhatsApp-Nachrichten von gestern.

Von Maike an Simon:

Hallo Simon! Gute Neuigkeiten: Paul hat den Porsche von seinem Vater genommen. In ungefähr einer halben Stunde sind wir am Bismarckplatz. Du kennst den Plan. Bis gleich.

Über der Nachricht sieht Paul ein Foto von dem Porsche. Und er sitzt in dem Auto und lächelt in die Kamera.

Von Simon an Maike:
Alles klar, Chefin! Tolles Auto! Ich mache meinen Job bestimmt gut.
Ich habe schon viel von dir gelernt. Bis gleich. PS: Ich habe auch eine
***Überraschung** für dich. Sie ist klein, rund und man trägt sie an*
einem Finger. :o)

„Geht es Ihnen nicht gut?", fragt das Zimmermädchen.
Paul antwortet nicht. Er braucht unbedingt eine Aspirin.
Das Handy **piept** und eine neue Nachricht steht auf dem
Display.

Lieber Paul! Vielen Dank für die schönen zwei Monate zusammen.
Leider kann ich nicht mehr bei dir bleiben. Simon und ich haben
*unsere **Hochzeit** schon vor einem Jahr geplant. Für unsere*
***Hochzeitsreise** brauchen wir aber noch ein bisschen Geld. Danke*
für den Porsche, deinen Geldbeutel und dein Smartphone! Ich wünsche
dir ein schönes Leben! Kuss, M., PS: Was denkst du jetzt über
Amateurtheater?

Paul kann nicht mehr stehen. Sein Kopf wird ganz heiß.
Was soll er jetzt machen? Er sucht in seiner Jackentasche
nach **Kleingeld** und findet nur 50 Cent. Und den silbernen
Kugelschreiber.

~~~

geheim - secret, **hupen** - to honk, **aussehen** - to look, **das Paar**
- couple, **der Rücksitz** - back seat, **der Kuss** - kiss, **toll** -
great/awesome, **stehlen (hat gestohlen)** - to steal, **tippen** - to
type, **steigen** - here: to rise, **Gas geben** - to accelerate, **bremsen**
- to brake, **der Stau** - traffic jam, **der Kaugummi** - chewing gum,
das Benzin - gas, **außerdem** - besides, **kriminell** - criminal, **die
Süße** - sweety, **die Wange** - cheek, **einverstanden** - agreed, **die
Kopfhörer** - headphones, **die Rolle** - here: part (theater), **das**

58

Amateurtheater - amateur theater, **kompliziert** - complicated, **herausfinden** - to find out, **die Tafel Schokolade** - bar of chocolate, **die Schmuckschatulle** - jewel box, **leuchten** - to shine, **wahrscheinlich** - probably, **übernachten** - to stay overnight, **Ich habe nichts dagegen.** - I have no objection., **das Hofbräuhaus** - famous brewery and restaurant in Munich, **das Schloss** - castle, **Im Gegenteil.** - On the contrary., **abschließen** - to lock, **der Personalausweis** - ID card, **die Kopie** - photocopy, **grinsen** - to grin, **sparen** - to save, **klopfen** - to knock, **das Geräusch** - noise/sound, **das Zimmermädchen** - chambermaid, **die Kommode** - chest of drawers, **der Gedanke** - thought, **die Überraschung** - surprise, **piepen** - to beep, **die Hochzeit** - marriage, **die Hochzeitsreise** - honeymoon, **das Kleingeld** - small change

6. Der Mann auf dem Foto

„Wir sind angekommen", sagt Ronja und hält ihren roten Toyota in der Nähe vom Heidelberger Zentrum.

„Danke für das Fahren", sagt der Junge neben ihr. Heute Morgen hat er plötzlich auf dem Parkplatz vor dem Hotel in München gestanden, direkt neben ihrem Auto, und hat auf sie gewartet. Er heißt Paul. Mehr weiß Ronja nicht. Er hat die ganze Fahrt nur aus dem Fenster geschaut und nicht viel gesprochen.

Paul steigt aus. Dann holt er etwas aus seiner Jackentasche. „Hier, für Sie. Mehr habe ich nicht." Dann macht er die Autotür zu und verschwindet zwischen den vielen Menschen.

Ronja schaut auf den Kugelschreiber in ihrer Hand. Er ist silbern und sehr hübsch. Und einen Kugelschreiber kann man immer brauchen. Sie steckt ihn in ihre Handtasche und fährt weiter.

„Endlich wieder zu Hause!" Eine halbe Stunde später wirft Ronja ihren Koffer und ihre Handtasche auf das Sofa im Wohnzimmer. Die **Geschäftsreise** nach München war ziemlich **stressig**. Sie sieht aus dem Fenster. Der Himmel ist blau, und die Sonne scheint. Aber vom Westen kommen große, dunkle Wolken. Egal! Nach der langen Fahrt muss Ronja sich ein bisschen bewegen. Außerdem ist draußen ein schönes Licht. Das ist perfekt für ihr Lieblingshobby, das Fotografieren. Sie ruft ihre beste Freundin Claudia an und sie verabreden sich im Park. Schnell zieht Ronja eine bequeme Jeans und ein T-Shirt an. Sie holt ihre Kamera aus dem Schrank und das Fahrrad aus dem Keller. Dann fährt sie in den großen Park in der Nähe ihrer Wohnung.

Im Park gehen viele Familien mit Kindern und Hunden spazieren. Einige Leute fahren Fahrrad oder spielen Volleyball. Ronja setzt sich auf eine Bank vor einem kleinen See. Sie nimmt die Kamera aus ihrem Rucksack und macht einige Fotos von den Enten auf dem Wasser, von Blumen und von dem großen alten Baum neben dem See.

„Hier bist du!", ruft plötzlich jemand. Hinter ihr steigt Claudia vom Fahrrad. Ihre Haare sind kurz und blond. Sie hat eine lange Nase. Ronja und Claudia sind schon seit der ersten Klasse beste Freundinnen.

„Endlich bist du wieder da!", sagt Claudia. Sie **umarmt** Ronja, legt ihr Fahrrad ins Gras und setzt sich neben ihre Freundin auf die Bank. „Und? Hast du mich **vermisst?**"

Ronja boxt Claudia in den Arm. „Natürlich habe ich dich vermisst! Aber nur ein bisschen." Sie lacht und erzählt ihrer Freundin von der Reise nach München, von ihren Kollegen und von dem jungen Mann auf dem Parkplatz vor dem Hotel.

„Aha!", sagt Claudia. „Ein junger Mann. War er attraktiv?"

„Claudia!", ruft Ronja. „Er war ungefähr zehn Jahre jünger als ich."

„Und in München hast du auch keinen interessanten Mann getroffen? Du bist schon viel zu lange Single."

Jetzt muss Ronja wieder lachen. Claudia hat vor einem Jahr ihren Freund Markus geheiratet. Und jetzt denkt sie, dass Ronja auch endlich einen Mann kennenlernen muss.

„Habe ich dir von Markus' neuem Kollegen erzählt?", fragt Claudia. „Sein Name ist Benjamin Richter. Er ist auch Single und ich finde ..."

„Ja, du hast mir von ihm erzählt", sagt Ronja. „Und nein, danke! Ich habe keinen Partner, aber ich bin glücklich. Ende der Diskussion!"

Claudia rollt mit den Augen. „Okay, okay!" Sie zeigt auf die Kamera. „Hast du auch Fotos von München gemacht?"

„Leider nicht. Ich habe die Kamera zu Hause vergessen. Aber ich habe viele Fotos hier vom See. **Guck mal!**" Ronja gibt Claudia die Kamera, schließt die Augen und **genießt** die Sonne und die Ruhe.

„Was ist das?", fragt Claudia plötzlich.

Ronja öffnet die Augen. „Was meinst du?"

„Hier, schau mal." Claudia gibt ihr die Kamera zurück.

Ronja sieht auf das Display. „Das ist der alte Baum neben dem See."

„Nein", sagt Claudia und macht das Bild mit dem Zoom größer. „Das!"

Ronja schaut das Foto genauer an. Neben dem Baum liegt etwas im Gras. „Das ist vielleicht nur Müll", sagt sie.

„Das glaube ich nicht", sagt Claudia. „Es **sieht aus wie** Leder."

„Dann lass uns **hingehen.**"

„Aber schnell", sagt Claudia. „Es fängt bestimmt bald an zu regnen."

Sie steigen auf ihre Fahrräder und fahren zu dem Baum. Der Gegenstand liegt auf der linken Seite. Ronja hebt es auf.

„Das ist ein Geldbeutel", sagt sie.

Plötzlich donnert es laut. In der Nähe **blitzt** es.

„Schnell nach Hause!", sagt Claudia. „Ich rufe dich morgen an."

„Hey, du kannst mich hier nicht alleine lassen!", ruft

Ronja. Aber Claudia ist schon auf ihr Fahrrad gestiegen und fährt durch den Park. Dann beginnt es zu regnen, zuerst leicht, dann immer stärker.

„Verflixt!", sagt Ronja und springt auf ihr Fahrrad.

Total **nass** kommt Ronja zu Hause an. Zuerst zieht sie trockene Kleidung an. Dann **trocknet** sie ihre Haare, macht sich einen heißen Tee und setzt sich auf das Wohnzimmersofa. Sie holt die Kamera und den Geldbeutel aus ihrem nassen Rucksack. Der Geldbeutel ist aus braunem Leder und neu. Sie öffnet ihn. Sie findet einige Fahrkarten für die S-Bahn, einen Kassenbeleg vom Supermarkt, drei **Briefmarken** und eine Karte von einem **Parkhaus**. Geld, Personalausweis und Führerschein sind weg. Aber zwischen den Papieren ist ein Foto von einem Mann und einem **Schäferhund** in den Bergen. Auf der Rückseite des Fotos steht: Mats, April 2016 in den **Alpen**. Ronja schaut noch einmal auf das Foto. Dieser Mats hat dunkle Haare und einen kurzen **Bart**. Er trägt eine schwarze Jeansjacke. Ronja sucht im Geldbeutel eine Adresse oder Telefonnummer, aber sie findet nichts. Wie kann sie den Geldbeutel zurückgeben? Sie geht ins Internet. Im Rathaus gibt es ein **Fundbüro**. Am Montag kann sie direkt nach der Arbeit hingehen.

Am nächsten Morgen klingelt Ronjas Handy um neun Uhr.

„Hallo?", ruft Claudia.

Ronja schaltet das Licht im Schlafzimmer an und schaut auf die Uhr. „Claudia!", sagt sie. „Es ist Sonntag!"

„Schläfst du noch?", fragt Claudia.

Ronja gähnt laut. „Jetzt nicht mehr."

„Sehr gut", sagt Claudia. „Dann kommst du bestimmt mit

mir joggen. Das Wetter ist fantastisch! Wir können uns wieder in dem Park treffen."

„Nein, danke. Das ist nicht meine Idee von einem Wochenende."

„Was möchtest du dann machen?"

„Shoppen. Aber leider ist heute Sonntag."

„Da haben wir Glück, denn das Familia-Center hat heute geöffnet", sagt Claudia. „Das habe ich in der Zeitung gelesen. Und ich brauche auch neue Kleidung."

Ronja seufzt. Lieber möchte sie zu Hause im Bett bleiben.

„Kannst du nicht mit Markus gehen?", fragt sie.

„Markus ist dieses Wochenende beruflich in Hamburg. Los, aufstehen! Wir treffen uns vor dem Geschäft *New Yorker*."

„Muss ich wirklich?", fragt Ronja und zieht die **Bettdecke** über ihren Kopf.

„Natürlich musst du!", sagt Claudia. „Bist du meine beste Freundin oder nicht?

„Okay, okay."

„Und bring den Geldbeutel aus dem Park mit! Ich möchte ihn auch sehen."

„Den Geldbeutel? Warum?", fragt Ronja.

Aber Claudia hat schon **aufgelegt**.

Um 10.30 Uhr kommt Ronja im Familia-Center an. Überall hängen **Luftballons**, und im ersten Stock spielt ein Mann Musik von Mozart auf dem **Klavier**. Das **Einkaufszentrum** feiert seinen zehnten Geburtstag.

Ronja sucht das *New Yorker*, aber Claudia ist noch nicht da. Neben dem Geschäft gibt es eine Bäckerei. Ronja findet einen freien Tisch und bestellt einen Cappuccino und ein Croissant. Viele Leute sind an diesem Sonntag unterwegs und kaufen ein. Eine Gruppe Mädchen mit vollen **Tüten** geht an der Bäckerei vorbei und in das *New Yorker* hinein.

Vor dem *New Yorker* steht ein Mann und schaut auf die Uhr. Ronja fällt das Croissant aus der Hand. Der Mann hat dunkle Haare und einen kurzen Bart. Und er trägt eine schwarze Jeansjacke. Ist das nicht der Mann von dem Foto - Mats? Ronja sucht in ihrem Rucksack den Geldbeutel aus dem Park. Sie öffnet ihn und sieht sich das Foto an. Dann schaut sie wieder zu dem Mann. Ja, das kann er sein. Aber ganz sicher ist Ronja sich nicht.

Schnell trinkt sie ihren Kaffee und bezahlt. Dann **setzt** sie ihre Sonnenbrille **auf** und geht aus der Bäckerei. Sie setzt sich auf eine Bank und schaut Mats durch ihre dunkle Brille an. Er hat schöne, warme Augen, findet Ronja. Ihre Ohren werden rot und ihr Herz schlägt ein bisschen schneller. Was soll sie jetzt machen? Soll sie zu ihm gehen? Und wenn er nicht der Mann auf dem Foto ist? Sie muss es **riskieren**.

Ronja atmet tief ein und steht auf. Plötzlich klingelt ihr Handy.

„Mist!" Ronja setzt sich wieder auf die Bank und holt ihr Smartphone aus der Tasche. Es ist Claudia.

„Claudia, wo bist du?", flüstert sie ins Telefon. „Ich warte schon seit einer halben Stunde auf dich!"

„Tut mir leid", sagt Claudia. „Ich komme später. Ich habe Probleme mit meinem Auto."

„Mach schnell", sagt Ronja und schaut zu Mats. „Ich warte auf dich." Dann legt sie auf. Sie steht wieder auf und geht langsam zu Mats. Aber plötzlich nimmt er sein Handy aus der Jackentasche und ruft jemanden an. Ronja bleibt wenige Meter neben ihm stehen.

„Hey, kommst du noch?", hört Ronja ihn fragen. „Alles

klar, ich verstehe", sagt er. „Bis gleich."

„Entschuldigen Sie!", sagt Ronja, aber Mats hört sie nicht. Er steckt sein Handy zurück in die Jackentasche und geht zwischen den vielen Leuten tiefer ins Einkaufszentrum hinein. Er nimmt die **Rolltreppe** nach oben.

„Warten Sie!" Ronja folgt ihm in den ersten Stock, aber bald kann sie ihn nicht mehr sehen. Sie schaut nach rechts und links, nach vorne und hinten. In der **Menschenmenge** sieht sie eine Frau – Claudia! Sie geht **um die Ecke**. Ronja nimmt das Handy und ruft sie an.

„Claudia, ich habe dich gerade gesehen. Aber ich bin nicht mehr im Erdgeschoss und ..."

„Stopp!", ruft Claudia. „Das war ich nicht. Ich bin noch gar nicht da. Ich suche gerade einen Parkplatz vor dem Einkaufszentrum. Das ist nicht so einfach. Hier ist alles voll. Warte auf mich im Restaurant im dritten Stock, okay? Ich habe großen Hunger! Kannst du bitte einen Platz am Fenster suchen? Bis gleich!"

Restaurant?, denkt Ronja und schaut auf die Uhr. Es ist 11.30 Uhr. Das ist ein bisschen zu früh zum Mittagessen. Also gut! Ronja nimmt die Rolltreppe hinauf in den dritten Stock. Noch einmal schaut sie auf die vielen Menschen, aber Mats ist weg.

Das Restaurant liegt direkt zwischen einem Friseur und einem Fotogeschäft. Viele Leute sitzen an den Tischen und trinken Kaffee. Einige Kinder laufen mit Luftballons in der Hand durch das Restaurant und schreien. Es riecht nach Fisch und Kartoffeln.

Am Fenster ist kein Platz mehr frei. Aber in dem Moment stehen zwei Teenager auf. Ronja geht zu dem Tisch, setzt sich und bestellt einen Vanille-Milchshake. Hoffentlich findet Claudia schnell einen Parkplatz. Ronja muss ihr unbedingt von Mats und dem Foto erzählen.

Ein kleiner Junge **läuft** am anderen Ende des Restaurants zwischen den Tischen **herum**. Plötzlich **fällt** er **hin** und fängt an zu **weinen**. Ein Mann steht von seinem Tisch auf und hilft ihm. Ist das nicht …? Mats! Er setzt sich wieder und schaut Ronja an. Er lächelt.

Ronja schaut hinter sich. Lächelt er sie an? Hinter ihr sitzt niemand. Dann steht Mats auf und kommt zu ihr. Er kommt immer näher. Ronjas Herz bleibt fast stehen.

„Hier ist Ihr Fisch mit Pommes frites und **Soße**", sagt plötzlich der Kellner neben ihr.

„Was?", sagt Ronja. „Ich habe nur einen Milchshake bestellt."

„Sind Sie sicher?"

„Natürlich bin ich …"

In dem Moment läuft der kleine Junge mit dem Luftballon wieder vorbei. Er läuft gegen den Kellner und der Fisch und die Soße **landen** auf Ronjas Hose.

„Entschuldigen Sie! Das tut mir leid!", ruft der Kellner. Er nimmt Ronjas Hand. „Kommen Sie. Schnell! Ich zeige Ihnen die Toilette."

Mit nasser Hose kommt Ronja eine Viertelstunde später wieder aus der Toilette heraus. Ein Mann mit einem Hut geht an ihr vorbei. Er sieht aus wie Claudias Mann Markus. Ronja seufzt. Sie sieht schon **Gespenster**. Markus ist auf Geschäftsreise in Hamburg. Aber wo ist Claudia? Und Mats? Ronja geht zurück ins Restaurant, aber dort findet sie die beiden nicht.

Ronja **hat die Nase voll**. Zuerst hat Claudia sehr früh am Morgen angerufen, dann hatte ihre Freundin Probleme mit dem Auto. Dann hat Ronja den Mann vom Foto gesehen und wieder verloren und am Ende sind der Fisch und die Soße auf ihrer Hose gelandet.

Der Kellner kommt zu ihr. „Entschuldigen Sie, aber Sie haben Ihren Milchshake nicht bezahlt. Das macht 3,75 €." Er macht die Hand auf.

„Was?", ruft Ronja. „Ich habe den Milchshake nie bekommen. Außerdem haben Sie meine Kleidung schmutzig gemacht und jetzt wollen Sie Geld von mir?"

Die Leute im Restaurant drehen sich um und schauen zu ihnen. Der Kellner wird ganz rot im Gesicht. Ronja hat keine Lust mehr, im Restaurant zu bleiben. Sie will nur nach Hause ins Bett gehen.

Sie dreht sich um, geht zur Rolltreppe und fährt ins Erdgeschoss. Dann ruft sie Claudia an.

„Ich bin gleich bei dir", sagt Claudia. „Ich habe gerade einen Parkplatz gefunden."

„Das ist mir egal!", sagt Ronja. „Ich gehe jetzt nach Hause. Dieser Tag war eine Katastrophe."

„Nein, warte!", ruft Claudia, aber Ronja legt auf.

Einige Minuten später kommt Ronja auf dem Parkplatz vor dem Einkaufszentrum an. Wo steht ihr Auto? Ah, da hinten. Sie läuft los. Plötzlich fährt ein blauer BMW aus einer **Parklücke**. Der Fahrer sieht Ronja zu spät. Ronja springt zur Seite und fällt über einen **Stein**. Sie fällt auf den Boden. Ihre Handtasche öffnet sich und ihre Schlüssel, ein Lippenstift und der Geldbeutel aus dem Park fallen heraus.

„Geht es Ihnen gut?" Der Fahrer des BMW ist aus dem Auto gestiegen. Er gibt Ronja die Hand und hilft ihr aufzustehen.

Ronja sieht in zwei grünbraune Augen. Der Mann hat

dunkle Haare, einen kurzen Bart und trägt eine schwarze Jeansjacke.

„Sie?", fragt Ronja.

„Sie?", fragt Mats.

Ronja will ihre Tasche aufheben.

„Warten Sie. Ich mache das." Mats nimmt die Tasche vom Boden und gibt Ronja ihre Sachen zurück.

„Moment!" Ronja nimmt den Geldbeutel und drückt ihn dem Mann in die Hand. „Ich glaube, der gehört Ihnen. Den Geldbeutel habe ich gestern im Park gefunden. Da ist ein Foto **drin**. Von Ihnen und Ihrem Hund."

Mats schaut sie mit großen Augen an. Dann öffnet er den Geldbeutel. Einige Sekunden sagt er nichts. Dann lächelt er und holt einen anderen Geldbeutel aus seiner Hosentasche. „Und der gehört Ihnen. Den habe ich gestern vor einem Café gefunden."

„Unmöglich", sagt Ronja. „Ich habe nichts verloren."

„Ich auch nicht", sagt Mats. „Aber öffnen Sie ihn."

Ronja nimmt den Geldbeutel. Ihre Hand **berührt** Mats' Hand und ihr Herz schlägt schneller. Sie öffnet den Geldbeutel und findet einige Fahrkarten für die S-Bahn, einen Kassenbeleg vom Supermarkt, drei Briefmarken und eine Karte von einem Parkhaus.

„Aber … aber die Geldbeutel sind **identisch**", sagt Ronja.

„Nicht ganz", sagt Mats. „Schauen Sie genau hin."

Zwischen den Papieren findet Ronja ein Foto. Ein Foto von sich selbst in ihrem letzten Urlaub in Spanien.

„Claudia!", sagt sie. Das Foto hat sie ihrer besten Freundin aus dem Urlaub geschickt. „Was passiert hier?", fragt Ronja. „Wer sind Sie? Ich meine, ich kenne Ihren Namen. Sie sind Mats, aber …"

„Mats? Nein." Der Mann zeigt auf das Auto. „Das ist Mats."

Ronja schaut ins Auto. Auf dem Rücksitz sitzt der Schäferhund vom Foto. „Ich heiße Benjamin. Benjamin Richter."

„Der Kollege von Markus?"

„Sie kennen Markus?"

„Ja. Markus und seine Frau Claudia. Sie ist meine beste Freundin."

Benjamin kratzt sich am Bart. „Heißen Sie vielleicht Ronja Beck?"

„Woher wissen Sie das?"

„Markus hat mir viel von Ihnen erzählt." Benjamin grinst.

„Und Claudia hat mir auch viel von Ihnen erzählt."

„Und Sie wollten mich nie treffen, oder?", fragt Benjamin.

„Sie mich bestimmt auch nicht", sagt Ronja.

Benjamin nickt.

„Und was machen Sie dann heute hier?", fragt Ronja.

„Ich war mit Markus vor dem *New Yorker* verabredet. Aber er ist nicht gekommen. Er hatte Probleme mit dem Auto."

„Aber Markus ist auf Geschäftsreise!"

„Nein", sagt Benjamin. „Claudia ist auf Geschäftsreise. Also hat Markus mich heute Morgen angerufen."

Einen Moment sind beide still. Dann fangen sie an zu lachen.

„Jetzt verstehe ich", sagt Benjamin. „Sie waren wahrscheinlich mit Claudia verabredet, oder?"

„Genau. Aber sie hatte …

… Probleme mit dem Auto?", fragt Benjamin.

Ronja nickt und lacht. Dann wird sie aber ein bisschen

sauer. Claudia und Markus haben ein Spiel mit ihnen gespielt.

„Ich denke, ich gehe jetzt nach Hause. Ich muss unbedingt mit Claudia sprechen", sagt sie.

„Warten Sie." Benjamin kommt ein bisschen näher. „Sie haben noch keinen Milchshake getrunken."

Ronja sieht auf ihre Jeans. Sie ist immer noch nass.

„Wir können einen zusammen trinken", sagt Benjamin. „Ich lade Sie ein." Er schaut sie mit seinen grünbraunen Augen an.

Ronja lacht. „Also gut. Und Mats?"

„Mats kommt natürlich mit." Er öffnet die Autotür und der Hund springt heraus.

Zusammen gehen sie zurück zum Einkaufszentrum. Ronja schaut noch einmal zum Parkplatz. Ein grüner Peugeot fährt auf die Straße. Das ist das Auto von Claudia und Markus! Claudia streckt ihre Hand aus dem Fenster und winkt. Ronja schüttelt den Kopf. Heute Abend muss sie unbedingt noch einmal mit ihrer besten Freundin sprechen.

„Kommen Sie?", fragt Benjamin und öffnet die Tür zum Einkaufszentrum.

„Kommst du", korrigiert Ronja und lächelt.

~~~

die Geschäftsreise - business trip, **stressig** - stressful, **umarmen** - to hug, **vermissen** - to miss, **Guck mal!** - Look!, **genießen** - to enjoy, **aussehen wie** - to look like, **hingehen** - to go there, **blitzen** - there is a lightning, **nass** - wet, **trocknen** - to dry, **die Briefmarke** - stamp, **das Parkhaus** - car park, **der Schäferhund** - German shepherd, **die Alpen** - the Alps, **der Bart** - beard, **das Fundbüro** - lost and found office, **die Bettdecke** - blanket, **auflegen** - to hang up, **der Luftballon** - balloon, **das Klavier** -

piano, **das Einkaufszentrum** - shopping mall, **die Tüte** - bag, **aufsetzen** - to put on, **riskieren** - to risk, **die Rolltreppe** - escalator, **die Menschenmenge** - crowd of people, **um die Ecke** - around the corner, **herumlaufen** - to run around, **hinfallen** - to fall over, **weinen** - to cry, **die Soße** - sauce, **landen** - here: to end up, **das Gespenst** - ghost/phantom, **die Nase voll haben** - to be fed up with, **die Parklücke** - parking space, **der Stein** - stone, **drin** - inside, **berühren** - to touch, **identisch** - identical

7. Die neue Freundin

„Jürgen, ich habe nicht den ganzen Tag Zeit! Komm endlich!"

Jürgen rollt mit den Augen. Seine Freundin Adriana hat heute schlechte Laune. Nach dem Frühstück hat sie die Nachrichten auf seinem Handy gelesen. Und sie hat eine alte WhatsApp-Nachricht von Jürgens letzter Freundin Petra gefunden. Vor drei Monaten hat er mit ihr Schluss gemacht. Genau an ihrem 26. Geburtstag und per Whats-App. Ja, das war nicht fair. Aber Adriana hat tolle lange Haare und eine sexy **Figur**.

„Jürgen!"

Adriana ist aber auch ungeduldig. Und sie geht gerne einkaufen. Am liebsten kauft sie teure Dinge. Heute hat sie im Familia-Center drei Röcke, fünf Paar Schuhe, zwei Hosen und sieben Blusen gekauft. Natürlich von seinem Geld. Und er muss die Tüten tragen.

„Hey, Vorsicht!", ruft Adriana und läuft gegen eine Frau und einen Mann mit einem Schäferhund.

Der Hund **bellt** und Adriana springt zur Seite.

„Blöder Hund", sagt sie und geht durch die Tür hinaus auf den großen Parkplatz.

Jürgen hat sein Mercedes Cabrio neben einem blauen BMW geparkt. Er **schließt** sein Auto **auf** und legt die Tüten in den **Kofferraum**. „Wo ist das Geschenk für meine Eltern?", fragt er.

„Meinst du die hässliche Vase?", fragt Adriana. „Vielleicht in der Tüte mit den Schuhen."

„Das ist eine Designer-Vase!", sagt Jürgen.

„Hässlich ist hässlich!" Adriana will ihre Sonnenbrille aufsetzen, aber sie fällt auf den Boden. Sie bückt sich. Dann sieht sie etwas unter dem Auto. Etwas Silbernes. Sie hebt den Gegenstand auf.

„Hm, ein Kugelschreiber." Sie schaut ihn genau an. „Der war bestimmt nicht billig", sagt sie und steckt ihn in ihre Handtasche.

Jürgen seufzt. „Vielleicht ist es keine gute Idee, heute zu meinen Eltern zu fahren."

„Wir fahren", sagt Adriana. „Ich will sie endlich kennenlernen. Außerdem müssen wir ihnen von der Hochzeit erzählen."

„Welche Hochzeit?"

„Unsere Hochzeit natürlich."

„Moment mal! Wir sind erst seit drei Monaten zusammen. Wir können noch nicht heiraten. Das geht alles viel zu schnell!"

„Zu schnell?", sagt Adriana. „Ich bin 27 Jahre alt. Und ich will bald Kinder haben! Vor meinem 30. Geburtstag!" Sie setzt sich ins Auto und macht die Tür zu.

Kinder? Jürgen hat Kopfschmerzen. Er will keine Kinder haben. Er will seine **Freiheit**! Für einen Moment denkt er an Petra. Sie hat nie von Hochzeit und Familie gesprochen.

Eine halbe Stunde später parkt Jürgen sein Auto vor der Villa seiner Eltern und steigt aus. Die Villa ist ganz weiß. Sie hat zwei Stockwerke, große Fenster und einen Swimmingpool.

„Jürgen, mein Junge!" Jürgens Mutter kommt aus dem Haus. Sie ist klein und ein bisschen rund. Jürgen steigt aus, und sie gibt ihm einen Kuss auf die Wange. „Wie schön! Du hast Petra mitgebracht!"

In dem Moment steigt Adriana aus dem Auto, benutzt schnell noch ein bisschen Lippenstift und gibt Jürgens Mutter die Hand. „Ich bin Adriana."

„Adriana?", fragt Jürgens Mutter und sieht ihren Sohn an.

„Adrrrriana", sagt Adriana. „Sie müssen das „R" rollen, verstehen Sie?"

„Aha", sagt Jürgens Mutter. „Ich bin Sandra. Sie müssen das „S" **zischen**. Sssssandra."

„Sssssandra", sagt Adriana.

„Sehr gut", sagt Jürgens Mutter. „Sie dürfen aber Frau Hummel zu mir sagen." Sie nimmt Jürgens Hand und zieht ihn ins Haus. Adriana presst die **Lippen** zusammen und folgt ihnen.

„Setzt euch zu Papa ins Wohnzimmer", sagt Sandra. „Ich mache euch einen Eiskaffee."

„Für mich einen Espresso. **Doppelt**", sagt Adriana.

Sandra bleibt in der Küchentür stehen und schaut Adriana an. „**Wie Sie möchten**", sagt sie und lächelt.

Jürgens Vater sitzt im Wohnzimmer auf dem Sofa und sieht ein Fußballspiel im Fernsehen. Jürgen stellt Adriana vor.

„Adriana?", fragt sein Vater. „Wo ist deine Freundin?"

„Ich bin jetzt seine Freundin", sagt Adriana und setzt sich auf das Sofa. Sie schaut sich im Wohnzimmer um. Ein teurer Schrank steht an der rechten Wand, vor ihm ein großer Esstisch und neben ihm ein Klavier. „Ein schöner **Luxus**", sagt sie.

„Und Sie mögen teure Dinge, oder?", fragt Sandra. Sie stellt ein **Tablett** mit Kaffee und Kuchen auf den Couchtisch vor Adriana.

Jürgens Vater **gibt** einen Löffel Zucker in seinen Kaffee.

„Was machen Sie beruflich, Adriana?"

„Adrrrriana", sagt Adriana.

Jürgens Vater sieht seine Frau an. „Ihr Name ist Rihanna?", fragt er.

„Tut mir leid", sagt Jürgen. „Mein Vater hört nicht mehr so gut."

„Ich bin Studentin", ruft Adriana.

„Warum schreien Sie so?", fragt Jürgens Vater und trinkt seinen Kaffee. „Sie sind also Präsidentin. Wo? Bei einer Firma?"

„Nein, ich studiere!"

„Und was?", fragt Sandra.

„Ein bisschen Philosophie, ein bisschen **Kunst**, ein bisschen Deutsch."

„Ein bisschen?", fragt Sandra und nimmt sich ein Stück Apfelkuchen.

„Das macht mir alles nicht so viel Spaß", sagt Adriana und trinkt ihren Espresso mit einem Schluck. Plötzlich fängt sie an zu husten. „Was ist das?", fragt sie und schaut in die Tasse.

„Ein doppelter Espresso", sagt Sandra. „Warum?"

„Aber da war Chili drin."

„Chili?", fragt Sandra und isst noch ein bisschen Kuchen. „Unmöglich. Aber sprechen wir lieber über Ihre Wünsche.

„Was möchten Sie denn später beruflich machen?"

Adriana **putzt sich ihre** rote **Nase** mit einem **Taschentuch**. Dann nimmt sie Jürgens Hand und schaut ihm in die Augen. „Ich möchte **Hausfrau** und Mutter sein."

Jürgen trinkt schnell noch ein bisschen Kaffee und zieht seine Hand zurück. Mit dieser Frau kann er nicht lange zusammen sein, das ist klar. Vielleicht kann er bald zu Petra zurückgehen?

„Bedeutet das, Sie wollen nicht arbeiten?", fragt Sandra.

„Aber Kinder sind ein **Vollzeitjob**", sagt Adriana. „Ich finde, eine Mutter sollte bei ihren Kindern bleiben. Das haben Sie bestimmt auch so gemacht, oder?"

„Nur für ein Jahr", sagt Sandra. „Danach bin ich wieder arbeiten gegangen. Mein Mann und ich waren Manager einer Firma." Sie nimmt das Tablett mit den leeren Kaffeetassen vom Tisch. „Jürgen, kannst du mir bitte in der Küche helfen?"

Jürgen folgt seiner Mutter hinaus.

„Das musst du mir jetzt erklären", sagt Sandra und macht die Küchentür hinter ihnen zu. „Warum bist du mit so einer unsympathischen Person zusammen?"

„Mama, ich liebe Adriana."

„Liebe? Das Mädchen will nur dein Geld. Hast du das nicht verstanden?"

„**Na und?** Ich habe Geld genug für uns beide. Außerdem ist sie attraktiv und … und …"

„Und dumm", sagt Sandra.

Jürgen denkt nach. Vielleicht hat seine Mutter recht. Jürgen hat schon seit langer Zeit das Gefühl, dass Adriana ihn nicht wirklich liebt. Aber das kann er jetzt nicht sagen. Seine Mutter darf nicht recht haben. Er fühlt sich wieder wie ein kleiner Junge.

„Das stimmt nicht. Adriana ist intelligent und ja, ich liebe sie. Und sie liebt mich."

„Interessant", sagt Sandra. „Und was ist mit Petra?"

„Petra ist nicht mehr in meinem Leben. Fertig!"

Plötzlich hören sie einen **Schrei** aus dem Wohnzimmer.

Zusammen laufen sie zurück.

„Was ist passiert?", fragt Jürgen.

Adriana steht auf der Couch und zeigt mit dem Finger auf den Boden. „Eine Katze!", schreit sie. In der anderen Hand hält sie den silbernen Kugelschreiber wie ein Messer vor sich.

Vor der Couch sitzt Herkules, der weiße **Kater** der Familie, und schaut sie an. „Geh weg, geh weg!", ruft Adriana.

Sandra nimmt die Katze auf den Arm. „Jürgen liebt Katzen, wissen Sie? Haben Sie eine Allergie?"

„Energie?", fragt Jürgens Vater.

Langsam steigt Adriana von der Couch und setzt sich wieder. „Nein, aber das ist - das ist - ein Tier! Und Tiere sind … keine Menschen!"

„Sie haben keine Allergie?", fragt Sandra. „Dann ist ja alles in Ordnung. Herkules liebt Besucher in unserem Haus." Sie legt die Katze auf Adrianas Schoß.

„Mutter!"

„Hilfe!" Adriana **lässt** den Kugelschreiber **fallen**, steht auf und läuft aus dem Haus.

„Ich denke, Adriana möchte unseren Garten sehen", sagt Sandra.

„Jürgen!", ruft Adriana von draußen. „Komm her. Sofort!"

„Moment", sagt Sandra und nimmt den Kugelschreiber von der Couch. „Ich kenne diesen Stift. Er gehört Petra, oder?"

Jürgen schaut sich den Kuli an. „Du hast recht." Jürgen versteht das nicht. Wie kommt der Stift auf den Parkplatz vom Familia-Center?

„Jürgen!", ruft Adriana noch einmal.

Jürgen seufzt. Er steckt den Stift in seine Hosentasche und geht in den Garten.

Adriana läuft draußen hin und her und wirft die Arme in die Luft. „Das hat deine Mutter extra gemacht!", sagt sie. „Sie mag mich nicht. Sie findet mich blöd."

„Aber nein", sagt Jürgen. „Das glaube ich nicht."

Adriana bleibt stehen und schaut Jürgen böse in die Augen. „Das glaubst du nicht? Ich bin sicher, sie möchte deine Ex-Freundin wiederhaben. Und ich denke, du liebst sie immer noch."

Jürgen denkt an Petra. Sie war eine süße Frau. Und ja, sie war auch hübsch.

„Jürgen?" Adriana schüttelt ihn an der Schulter.

Jürgen nimmt Adrianas Hand. „Nein, mein Schatz. Ich liebe nur dich. Das musst du mir glauben." Vielleicht sollte er Petra mal anrufen? Vielleicht hat sie Lust, morgen Abend mit ihm ins Restaurant zu gehen?

Adriana setzt sich auf einen Gartenstuhl. „Du liebst mich? Dann heirate mich!"

„Wasser, Cola oder Saft?" Jürgens Eltern kommen mit Getränken aus dem Haus und stellen sie auf den Gartentisch.

„Nein, danke!", sagt Adriana. „Jürgen, ich denke, du möchtest deinen Eltern etwas sagen, oder?"

„Später", sagt Sandra. „Haben Sie schon unseren Swimmingpool gesehen? Kommt mit, wir gehen ein bisschen spazieren.

Die Sonne scheint und der Himmel ist blau. Heute ist es sehr warm.

„Jürgen!", sagt Adriana. „Jetzt ist ein guter Moment."

„Ein guter Moment für was?", fragt Sandra.

„Nicht jetzt", sagt Jürgen.

Adriana schiebt Jürgen zur Seite. „Ihr Sohn und ich wollen heiraten", sagt sie. „Schon bald."

„Ach", ruft Sandra plötzlich. „Mein Schuh ist offen!"

Sie bückt sich und **stößt** mit ihrem **Po gegen** Adriana. Adriana schreit und **streckt** die Arme **aus**, aber es ist zu spät. Sie fällt ins Wasser. „Hilfe!"

Jürgen nimmt ihren Arm und zieht sie aus dem Swimmingpool.

Adriana ist ganz nass. „Meine Haare! Meine Kleidung! Mein Make-up!", ruft sie und zeigt auf Sandra. „Das hat sie wieder extra gemacht!"

„Adriana, bitte …", sagt Jürgen.

„Ich habe genug von deiner Familie!", ruft Adriana. „Ich gehe jetzt. Komm!"

Jürgen bewegt sich nicht. „Adriana, wir können jetzt nicht gehen. Du bist total nass."

„Das ist mir egal. Ich will weg. Kommst du mit oder nicht?"

Jürgen schaut Adriana an. Ohne Make-up und mit nassen Haaren sieht sie nicht mehr so hübsch aus. Außerdem möchte er sie wirklich nicht heiraten.

„Ich rufe dir ein Taxi!", sagt er.

„Was? Du Idiot! Drei Monate meines Lebens habe ich dir geschenkt!"

„Und ich habe dir Kleidung, Schmuck und eine Reise nach Griechenland geschenkt!", sagt Jürgen. Jetzt hat er die Nase voll.

Adriana boxt ihn in die Schulter. „Das Taxi brauche ich nicht. Und dich brauche ich auch nicht!", sagt sie. „Ich finde bestimmt einen besseren Mann." Dann läuft sie hinaus aus dem Garten auf die Straße.

„Das war ein kurzer Besuch", sagt Sandra. „Gehen wir wieder ins Wohnzimmer?"

„Ich komme gleich", sagt Jürgen. „Ich brauche einen Moment allein."

Seine Eltern gehen zurück ins Haus, aber Jürgen geht im Garten hin und her. Er lächelt. Jetzt ist er wieder Single und frei! Er nimmt sein Handy aus der Hosentasche und schreibt eine Nachricht.

Hallo Petra! Wie geht es dir? Wir haben uns lange nicht mehr gesehen. Wo bist du gerade? Können wir uns treffen? LG, Jürgen :o)

Dann setzt er seine Sonnenbrille auf, setzt sich an den Gartentisch und wartet.

~~~

die Figur - figure, **bellen** - to bark, **aufschließen** - to unlock, **der Kofferraum** - trunk, **die Freiheit** - freedom, **zischen** - to hiss, **die Lippe** - lip, **doppelt** - double, **Wie Sie möchten.** - As you wish., **der Luxus** - luxury, **das Tablett** - tray, **geben** - here: to put, **die Kunst** - art, **sich die Nase putzen** - to blow one's nose, **das Taschentuch** - handkerchief, **die Hausfrau** - housewife, **der Vollzeitjob** - full-time job, **Na und?** - So what?, **der Schrei** - scream, **der Kater** - tomcat, **fallen lassen** - to drop, **stoßen gegen** - to bump against, **der Po** - bottom, **ausstrecken** - to stretch out

8. Der silberne Kugelschreiber

Petra öffnet die Augen und gähnt. Wie spät ist es? Schon 17 Uhr? Unmöglich. Das bedeutet, dass sie schon zweieinhalb Stunden im Antiquariat ist. Sie geht zum Fenster und sieht hinaus. Der Regen hat aufgehört, und am Himmel hängt ein bunter **Regenbogen.**

„Herr Martens?", ruft sie. Keine Antwort. In dem Moment bekommt sie eine Nachricht auf das Handy.

Hallo Petra! Ich muss dich sehen. Können wir uns treffen?
LG, Jürgen

Jürgen! Endlich. Schnell tippt sie einige Wörter in ihr Handy, aber dann denkt sie nach. Vor drei Monaten hat Jürgen sie verlassen. Und seit drei Monaten fühlt sie sich schlecht. Sie schläft nicht gut, sie isst nicht gesund und sie kann keine Geschichten mehr schreiben. Petra schaut auf das Handy. Soll sie Jürgen wirklich antworten? Ihr Herz sagt Ja, aber ihr Kopf sagt Nein. Sie setzt sich auf das Sofa und starrt auf das Handy. Dann tippt sie die Nachricht zu Ende und drückt auf ‚Senden'.

Hallo Jürgen! Ich bin im Antiquariat in der Seestraße.

Einige Sekunden später bekommt sie schon eine Antwort.

Liebe Petra, ich bin in 20 Minuten da. Warte auf mich. Ich möchte dir etwas sagen. Es ist wichtig. Liebe Grüße, Jürgen

Petra geht im Antiquariat hin und her. Was soll sie jetzt machen? Soll sie auf Jürgen warten oder nach Hause gehen? In dem Moment kommt Herr Martens die Treppe herunter.

„Im ersten und zweiten Stock habe ich überall gesucht, aber ich habe das Heft nicht gefunden", sagt er. „Das bedeutet, es muss hier unten sein." Er kratzt sich am Bart. „Vielleicht kannst du mir helfen. Ich suche links und du rechts im Raum, okay?"

„Okay." Petra geht zu einem großen Regal. Sie schaut nach oben. Nein, hier ist es nicht. Das kann sie fühlen. Sie dreht sich um. In einer dunklen Ecke sieht sie einen kleinen Schrank mit einer Glastür. Sie geht hin und setzt sich vor ihn auf den Boden. Der Schrank ist schon sehr alt. Auf der linken Seite steht etwas auf dem Holz. Sie schaut genauer hin. „Petra" steht dort in kleinen Buchstaben geschrieben. Natürlich! Als Kind hat sie ihre Lieblingsbücher in dem Schrank versteckt. So hat sie niemand gekauft.

Langsam nimmt sie die Bücher aus dem Regal und legt sie auf den Boden. Sie findet „Moby Dick", „Winnetou" und „Die Schatzinsel". Ist ihr Lieblingsbuch auch noch hier? Dann findet sie es: „Der kleine Prinz." Als Kind hat sie dieses Buch bestimmt zehnmal gelesen. Das Kapitel mit dem Fuchs hat ihr am besten gefallen. Sie steckt das kleine Buch unter ihren Arm. Vielleicht kann sie es von Herrn Martens kaufen.

Hinter den Büchern liegt ein kleines Schulheft. Petra nimmt es in die Hand. „Von Petra für Herrn Martens", steht darauf. Das ist ihre Schrift. Dann öffnet sie das Heft.

„Hallo Petra!"

Petra erschrickt und dreht sich um. Hinter ihr steht Jürgen mit einer Rose in der Hand. Sie legt das Heft zurück auf den Schrank und steht auf.

„Für dich", sagt Jürgen und gibt ihr die Blume. Petra schaut sich im Raum um. Herr Martens steht auf einer **Leiter** neben der Tür und nimmt Bücher aus dem Regal.

„Komm mit", sagt Petra. Sie geht mit Jürgen nach hinten zum Sofa. „Also? Was möchtest du hier?"

Jürgen schaut auf die Regale. „Können wir nicht in ein Café gehen?"

„Nein, das können wir nicht", sagt Petra. Jürgen mag keine Bücher, und er fühlt sich im Moment nicht gut, aber das ist Petra egal. „Also?" wiederholt sie. Sie setzt sich auf das Sofa und legt das Buch „Der kleine Prinz" neben sich.

Jürgen bleibt stehen und sieht sie an.

„Du siehst wunderschön aus", sagt er. „Wir haben uns zu lange nicht mehr gesehen."

„Genau drei Monate", sagt Petra.

„Wie geht es dir?", fragt Jürgen.

Was soll Petra sagen? In den letzten drei Monaten war sie sehr traurig. Dann sieht sie auf die Regale, die Bücher und Herrn Martens auf der Leiter. Hier fühlt sie sich gut.

„Warum fragst du, Jürgen? Du hast die letzten drei Monate nicht gefragt."

„Das tut mir leid", sagt Jürgen.

„Ach so?", sagt Petra. „Wo ist denn Adriana, deine neue Freundin."

„Ex-Freundin", sagt Jürgen.

„Hast du auch per WhatsApp mit ihr Schluss gemacht?"

„Nein", sagt Jürgen. „Sie hat mit mir Schluss gemacht."

Petra ist sich nicht sicher: Soll sie sich jetzt freuen oder nicht?

„Petra", sagt Jürgen und seufzt. „Ich habe vor drei

Monaten einen Fehler gemacht. Aber ich habe etwas gelernt."

„Und was?"

„Ich liebe nur dich. Ich möchte wieder mit dir zusammen sein."

Petra schaut ihm in die Augen. Die schokoladenbraunen Augen. Ihr Gesicht wird ganz warm. Jürgen setzt sich zu Petra auf das Sofa.

„**Was zum Kuckuck …?**" Er steht wieder auf. Auf dem Sofa liegt „Der kleine Prinz". Er nimmt das Buch und wirft es auf den Boden. Dort bleibt es offen liegen, genau bei einer **Zeichnung** von dem roten Fuchs. Dann setzt er sich wieder und nimmt Petras Hand.

„Was denkst du?", fragt er und zieht Petra zu sich. Er schließt die Augen.

„Das Buch", sagt Petra und zieht ihre Hand wieder weg.

„Was?" Jürgen macht die Augen wieder auf.

„Das Buch", wiederholt Petra. „Es liegt auf dem Boden."

„Das ist doch egal. Das ist nur ein blödes Buch."

Petra hebt das Buch wieder auf. „Möchtest du wirklich wissen, was ich denke?", fragt sie.

Jürgen nickt.

„Ich denke, dass du ein blöder Typ bist. Ich denke, dass du mit Frauen spielst. Und ich denke, dass ich ohne dich glücklicher bin."

Jürgen bekommt ganz große Augen. „Hey, das kannst du nicht sagen."

„Ich kann", sagt Petra. „Und jetzt will ich, dass du gehst."

„Aber … aber … das kann nicht deine Antwort sein."

„Junger Mann!" Plötzlich steht Herr Martens hinter Jürgen. „Sie haben die Dame gehört."

Jürgen schaut von Herrn Martens zu Petra und zurück.
„Also gut! Dann … dann lasse ich dich allein mit deinen
Büchern!" Er **tritt** mit dem Schuh auf das Buch auf dem
Boden. „Das ist doch nur Papier! Buchstaben! Wörter!
Sätze! Das ist doch nicht interessant." Er wirft die Arme in
die Luft und dreht sich um.

„Einen Moment noch", sagt Petra. „Gib mir bitte noch
meinen silbernen Kugelschreiber zurück."

„Welchen Kugelschreiber?"

„Adriana hat heute einen Kugelschreiber vor dem
Möbelgeschäft gefunden."

„Möbelgeschäft? Adriana und ich sind schon seit einer
Woche nicht mehr zusammen."

„Oh", sagt Petra. Dann schüttelt sie den Kopf. „Oh,
natürlich."

Herr Martens sieht sie aufmerksam an.

Jürgen **tippt** sich mit dem Finger an die Stirn und verlässt
das Geschäft.

„Interessant", sagt Herr Martens und kratzt sich am Bart.
„Hast du wirklich geglaubt, Jürgen hat deinen
Kugelschreiber?"

„Das war dumm", sagt Petra. „Ich denke, ich bin auf dem
Sofa eingeschlafen und habe geträumt."

Herr Martens nickt. Dann lächelt er. „War es wirklich ein
Traum? Oder vielleicht deine Fantasie?"

Petra schaut ihn mit großen Augen an. „Was meinen Sie?"

„Leider habe ich dein Heft nicht gefunden", sagt Herr
Martens, ohne zu antworten.

„Oh, aber ich." Petra holt das Heft von dem kleinen
Schrank und macht es auf. Auf der ersten Seite steht in
kleinen Kinderbuchstaben:

Lieber Herr Martens! Vielen Dank für den silbernen Kugelschreiber.
Jetzt kann ich viele neue Geschichten schreiben! Ich höre nie auf! Das
verspreche ich!
P.S: Die Geschichte in diesem Heft habe ich für Sie geschrieben. In
Freundschaft, Petra Pfeiffer

„Der silberne Kugelschreiber", sagt Petra. „Jetzt erinnere ich mich wieder. Sie haben ihn mir geschenkt."

Herr Martens nickt. „Zu deinem achten Geburtstag."

Petra hat **Tränen** in den Augen. Warum hat sie das alles vergessen? Sie setzt sich auf das Sofa und liest die Geschichte in dem Heft. Sie hat über einen kleinen Jungen geschrieben. Er hat Probleme in seiner neuen Schule. Aber dann findet er einen Freund und am Ende ist alles gut.

„Du hattest viel Fantasie als Kind", sagt Herr Martens. „Du hast oft auf diesem Sofa **gesessen**. Manchmal hast du gelesen, manchmal Geschichten geschrieben. Oft haben deine Eltern angerufen. Dann habe ich dich nach Hause geschickt." Er kratzt sich wieder am Bart. „Auch heute hast du hier gesessen. Mehr als zwei Stunden." Er schaut Petra lange an.

Petra beginnt zu verstehen. „Sie haben **gewusst**, wo das Heft ist, oder?"

„Vielleicht."

„Sie haben mich extra hier warten lassen, nicht wahr? Sie haben gedacht, meine Fantasie bringt mir neue Geschichten."

Herr Martens lächelt. „Hatte ich recht?"

Petra seufzt. „Herr Martens, ich muss Ihnen leider etwas sagen." Petra schaut auf den Boden. „Ich habe heute Ihren Kuli verloren. Ich denke, ein Mann hat ihn mir in der

S-Bahn gestohlen."

Herr Martens lächelt wieder. Er geht zur Kasse, nimmt etwas vom Tisch und kommt zurück. „Bist du sicher?" In seiner Hand hat er den silbernen Kugelschreiber.

„Aber das ist unmöglich", ruft Petra.

„Deine Handtasche ist dir heute von der Treppe aus der Hand gefallen. Ich habe den Kugelschreiber neben einem Regal gefunden."

Er gibt Petra den Kuli zurück.

„Weißt du, was ich denke?", fragt er.

„Was?"

„Ich denke, der Kugelschreiber möchte wieder schreiben." Er schaut Petra in die Augen. „Und was möchtest du?" Dann geht er hinter die Kasse, setzt sich und öffnet ein Buch.

Petra starrt auf den Kuli. Kann sie wirklich noch schreiben? Und welche Geschichte soll sie erzählen? Sie denkt an den Nachmittag im Antiquariat. Über zwei Stunden hat sie auf Herrn Martens gewartet. Zwei Stunden! Plötzlich muss sie lachen wie ein Kind. Ja, Herr Martens hatte recht. Sie hat an diesem Nachmittag nicht geträumt. Sie zieht ihre Schuhe aus und legt ihre Beine auf das Sofa. Vorsichtig öffnet sie das Heft und setzt den Kugelschreiber auf eine leere Seite. Dann beginnt sie zu schreiben:

Das Spiel

*Tim setzt seine Baseballmütze auf den Kopf. Danach zieht er dunkle Kleidung und seine roten Turnschuhe an. Leise! Seine Eltern dürfen ihn nicht hören. Sie sind kurz vor **Mitternacht** ins Bett gegangen. Auch heute haben sie wieder den ganzen Tag gearbeitet. Tim steckt eine Taschenlampe in seinen Rucksack und ...*

~~~

der **Regenbogen** - rainbow, **die Leiter** - ladder, **Was zum Kuckuck ...?** - What the heck ...?, **die Zeichnung** - drawing, **treten** - to step, **tippen** - here: to tap, **die Träne** - tear, **sitzen (hat gesessen)** - to sit, **wissen (hat gewusst)** - to know

Danke, dass Sie mein Buch gelesen haben!
Ihre Meinung ist mir wichtig, deshalb würde ich mich
über eine Rezension bei Amazon sehr freuen.

Vielen Dank für Ihre Unterstützung!

Thank you for reading my book! Please consider taking
a moment to leave a review on Amazon. Your opinion does
make a difference.

Thank you for your support!

Angelika Bohn
www.deutsch-lesen.de
kontakt@deutsch-lesen.de

Printed in Great Britain
by Amazon